大智慧到彼岸

——心經講記

釋寬謙 著

〔自序〕同乘般若船

俗話常說「人生是苦海」，但是如果懂得了《心經》的般若智慧，會發現「人生是願海」，縱然眾生無量、苦海無邊，菩薩的願海也是無量無邊，願為眾生造般若法船，同由生死此岸到達智慧彼岸。

如非這些年極端氣候帶來的天災人禍，金融海嘯波及世界各國，新冠肺炎疫情讓全球牽一髮動全身……，一般人可能都困在個人的心事裡，無暇同理他人的苦難，當發生這些匪夷所思的亂象時，大家反而能萬眾一心，祈願人人自在，世界平安，這樣的祝福一念，即是菩薩的心。

《心經》說：「依般若波羅蜜多故，心無罣礙。無罣礙故，無有恐怖，遠離顛倒夢想，究竟涅槃。」我們所在的世界，原本就是顛倒夢想的世界，所以會有種種罣礙、種種恐怖。每個人都希望能「度一切苦厄」，最佳的離苦得樂方法，即是般若智慧。

如果說我們現在的困境，如同在冰天雪地中取水般困難，而般若智慧正如烈火，可以幫助我們化冰成水，解生命的渴。如果我們執著冰天雪地為不可改變的命運，最終確實無路可走，若能以般若觀照緣起性空，則處處是活路。因此，面對挫折，與其逃離現場，不如勇敢面對現實，解決問題。

我曾面臨過多次人生難關，所有的努力在一夕之間化為烏有，縱然萬般不捨，無常來時，只能忍痛放下。有一次，打擊實在過於沉重，即使遠赴美國密集弘法一個多月，仍常陷入煩惱漩渦。那時我對人生實在是感到無解，為何傾盡所有的努力，最後卻是一場空呢？直到回臺看到慈心長老尼的手稿：「順逆皆精進，毀譽不動心。」方才如醍醐灌頂般釋懷了，這也成為我的修行座右銘。長老尼所說的「中道不二」智慧，給了我一股安定的力量，讓我超越不平等的表面現象，能循著般若智慧的原則——深觀因緣法的平等性。面對人生的巨浪衝擊，我相信一切因緣都是最好的安排。

我們的肉眼只能見到一時現象，唯有以般若開啟慧眼，才能深觀因緣法的平等性。我從因緣法來觀照自己的處境：「這是我修行過程的考驗，眼下所面臨的業障現況，必定是過去世眾多惡因惡緣的成熟，不能責怪他人，坦然接受一切，將逆境轉為增上緣，如此能使業障快速離散。」有了對般若修法的信心，不論外境是順是逆，我依然繼續耕耘善因善緣，後來再次赴美時，終於得到了居士護法協助護持道場的建設。

因緣確實是不可思議的，去年因著新冠肺炎疫情的關係，暫時終止課程教學，卻反而讓我得空整理出版《解開生命的密碼——八識規矩頌講記》；而今年又因著疫情擴大，再度暫停課程，所以能夠集結多位法師和居士討論《大智慧到彼岸——心經講記》新書，藉此機會深入般若海振筆疾書，誠摯感恩眾多的善因緣。

本書共分為三篇，第一篇〈般若經典的核心〉，除闡明《心經》的重要性，說明《心經》為何是般若經典的核心，並介紹般若思想特質和萬法法則，讓人能以慧眼看世界。第二篇〈三世諸佛的佛心〉，正明《心經》法義，三世諸佛皆依般若波羅蜜多成佛，運用印順導師的科判表解說《心經》結構，並輔以多張圖表逐句解析《心經》義理心髓。如能依般若轉凡心為佛心，將可圓滿般若波羅蜜多成佛之道。第三篇〈人間菩薩的願心〉，認識三大阿僧祇劫的修行歷程，將能掌握實踐《心經》的方法，成就人間菩薩大願行。

我對於般若法門具有深切的信願心，相信從般若理論的思考，可以印證於現象的考驗；並發願弘揚般若法門，幫助眾生學習般若法門。我之所以撰寫本書，便是深受印順導師的般若思想啟發，希望將導師的著作法寶和大眾分享。但願大眾能如印順導師於《空之探究》所說：「般若甚深法門，三根普被，人人可學可入。」我相信無論修行的資質利頓，皆可由《心經》入門，學習以般若智慧度一切苦厄。

未來雖然無法預知，但是只要掌握般若所指出的人生法則，深觀緣起性空，一定能夠處處觀自在。因此，如果能將《心經》智慧融入生命，不管面對的是業障或福報，佛法的甚深空義都能注入源源不絕的力量，讓我們自在地接受現實考驗，將逆境化為人生的養分。希望透過分享《心經》的妙法，能和大眾同乘般若船，共度一切苦厄，圓滿菩薩萬行！

目錄

〈第一篇〉

般若經典的核心

一、《心經》是般若心法

《心經》是寺院每日早晚課必誦的經典，我出家迄今三十多年，不但持誦無數遍，也授課很多回，不管是持誦或講課，每每都有不同的感動與體會，就像法水流過生命的河岸，把有稜有角的石塊，慢慢地磨圓，也將剛強的個性慢慢地調柔下來。我非常樂意分享從《心經》得到的轉變和法喜，希望大家都能拾起《心經》，放下心事，透過誦經或鈔經來調心，以經文來觀照現實人生的般若智慧，一定能轉煩惱為菩提，心開意解。

每個人學佛修行的因緣不盡相同，有的人從禪修入門，有的人則從念佛入門；研究佛教思想也是如此，有的人研究空宗的般若思想，有的人則研究有宗的唯識思想與如來藏思想。無論學習的道路從哪裡展開，我們都是佛門弟子，皆發心成就佛道。有的人認為《心經》屬於般若思想，所以要從性空的角度來學習，其實空宗的般若學和有宗的唯識學是相輔相成的，都能幫助我們理解和修證佛法，學習上不需要自我設限。

般若系重「性空」與唯識系重「相有」，雖然各有偏重，但兩系皆從因緣法的角度切入，只是對於「自性」的基本定義不一樣，般若系是「空無自性」，唯識系則是「實有自性」。般若系和唯識系二者不相違背，畢竟一切法都依因緣和合而緣生出「相有」，唯識系擅於表達相有，但一樣尊重因緣法；一切法也依因緣離散滅去而消失，這緣生緣滅的現象當體，即是般若系透過「緣起」看現象，但般若更重視「性空」因緣法則。可以說相有與性空，是相輔相成的一體兩面。

因此，我會以般若學為主，唯識學為輔，採用雙重的視角來解讀《心經》。大家可以順著經文讀，對照唯識學來理解自己的煩惱心，能否如觀自在菩薩，照見五蘊皆空，度一切苦厄？能否依般若波羅蜜多故，心無罣礙？能否遠離顛倒夢想？常用這些經句捫心自問，便知道自己為何仍是顛倒眾生，在娑婆世界生死流轉。為什麼諸法皆空，我們卻活在三界火宅呢？般若可以解開我們的心結，放下諸多妄執，將人生化繁為簡，體驗觀自在的清涼世界。

《心經》被稱為「佛學小百科」，不但是開啟智慧的般若心法，也蘊涵佛法重要的關鍵詞。《心經》是我們的修行地圖，是生活中實踐佛法的依據。依著文字般若來理解真理法則，即使尚未證得實相般若，無法很快解脫生死，卻能打造一副「般若眼鏡」，對於諸多的世俗現象，用般若來觀照，就能夠隨順因緣，慢慢地感受到自在的法喜。《心經》經文首句：「觀自在菩薩，行深般若波羅蜜多時，照見五蘊皆空，度一切苦厄。」我誠摯希望所有讀過《心經》的人，都能成為觀自在的菩薩，一起實踐般若波羅蜜，照見五蘊皆空，度脫一切苦厄。

（一）《心經》的重要性

《心經》是《般若波羅蜜多心經》的簡稱，古德為了易於受持，特別從六百卷《大般若波羅蜜多經》（簡稱《大般若經》）中摘錄出來，單獨流通。《心經》是《大般若經》的思想核心，可以讓我們了解整個宇宙人生的真理法則，雖然只有短短的二百六十個字，卻言簡意賅，容易記誦，非常適合當作平日的修行定課，安頓身心。

1. 佛教的核心

整個佛教的修行體系，可略分為大乘佛教與小乘佛教。由於每個人的心量、根機、因緣等的修行條件不同，修行的道路也有所差別。小乘佛教即是聲聞法，以個人修持解脫為主；大乘佛教則是透過實踐菩薩道，從自利利他達到究竟圓滿。

大乘佛教是從凡夫直至成佛的過程，以成佛為目標，從漸修到頓悟，再從頓悟到圓修。因此，修學大乘的人間菩薩行者，是從發菩提心開始，然後親近善知識，聽聞正法，長期修集福德因緣與智慧資糧。菩薩行者在感受人世間的一切苦痛後，不僅自己得以解脫自在，也同時協助眾生解脫煩惱與生死，在拔濟眾生的大悲行中，完成自我的淨化，達到究竟圓滿的人生。

印順導師於《般若經講記》中說到，《般若經》是發揚般若中體悟宇宙人生的真理，所以《般若經》在一切經中為最大，而《般若波羅蜜多心經》又是一切《般若經》的心要。印順導師並指出三種心義：

(1)整體佛法以大乘佛法為主要、為中心。

(2)大乘佛法中以般若波羅蜜多法為主要、為中心。

(3)《般若波羅蜜多經》以此經為主要、為中心，所以名為《般若波羅蜜多心經》。

心：核心中的核心的核心

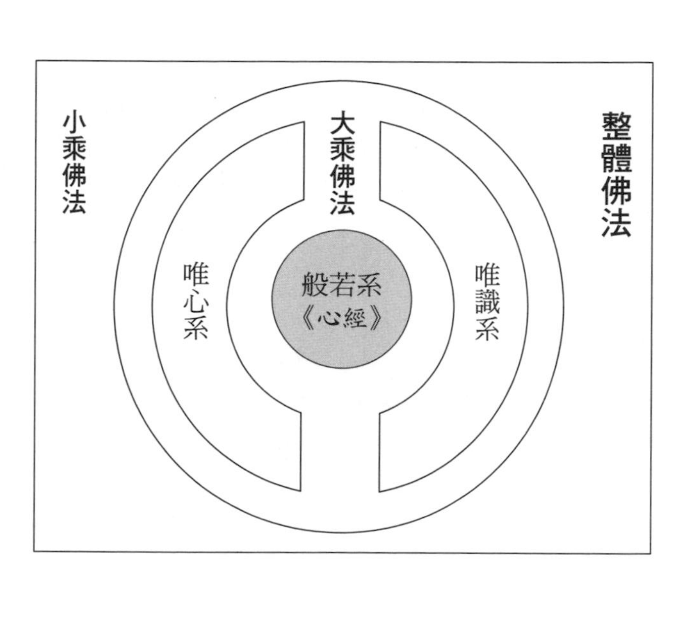

由此可知，《心經》之所以名為「心」，正因般若系是大乘佛法的核心，《般若經》是般若系的核心，而此經是《般若經》的核心，《心經》可說是居於整體佛法中之核心的核心的核心！

我們既然知道了《心經》位於整體佛法的重中之重，不論是學習佛教義理，或是實踐修行方法，皆可由此入門，等同得到了一把開啟佛門的智慧鑰匙。

修行最忌三心兩意地進進退退，般若智慧能幫助我們一心一意地邁向成佛之道。當對於修行感到徬徨無依時，隨時隨地都可運用《心經》安心，幫助自己回到初發心，一心向道。

2. 最精要的般若心法

大乘佛法以般若法為中心，《般若經》又以《心經》為中心，所以《心經》可以說是最精要的般若心法。《般若波羅蜜多心經》的梵文是 *Prajñāpāramitā Hṛdaya Sūtra*，Hṛdaya 的意思就是最核心、最心要，是佛法的精髓所在。「經」字的梵文為 Sūtra，字意是指線、真理，含有貫串、攝持的作用。

佛教與其他宗教最大的不同處，在於重視般若智慧。佛教為何不是迷信的信仰，而是智信合一的宗教呢？關鍵就在於我們所學的是佛陀的教法，每個佛弟子都要依此心法，經由信、解、行、證的修行過程，開啟人生智慧，不但可以解除自己的身心痛苦，又能行菩薩道幫助所有的眾生離苦得樂。

（二）修行要以般若為導

1. 大乘三系以般若系為中心

大乘佛法有三系：一是性空唯名系（又稱般若系、中觀系），二是虛妄唯識系（又稱瑜伽系），三是真常唯心系（又稱如來藏系）。大乘三系以般若系為中心，因為般若系直探「緣起性空」法則，是最為究竟了義，此了義是指依真理法則能解脫生死。

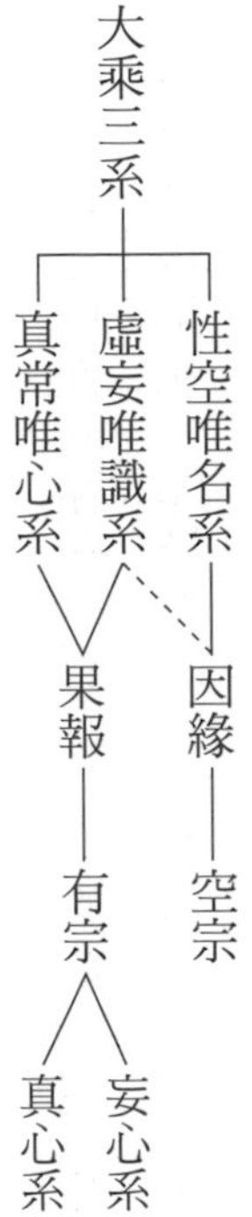

- 大乘三系
  - 性空唯名系——因緣——空宗
  - 虛妄唯識系
  - 真常唯心系
    - （虛妄唯識系、真常唯心系）——果報——有宗
      - 妄心系
      - 真心系

若依發展先後順序來看，初期大乘佛教以「性空唯名系」為主，後期大乘佛教則以「虛妄唯識系」為主，接著是「真常唯心系」。性空唯名系屬於「空宗」，重視「緣起性空」；虛妄唯識系和真常唯心系則同為「有宗」，重視「相有」。虛妄唯識系的染心在眾生的阿賴耶識，稱作「妄心系」；真常唯心系本具的清淨心如同摩尼寶珠，真心被外在的客塵所染，故為「真心系」。

「性空唯名系」的「唯名」，是因為一切相皆假名安立，所以無自性、空性，著重於體證因緣法。「虛妄唯識系」的「虛妄」，是因一切相都是心識所變現，外相虛妄不實，著重於轉識成智。「真常唯心系」的「真常」，是因佛性本具，恆常不變，生死、涅槃皆依清淨的如來藏。

大乘三系都來自佛陀的教法，但是真正開顯畢竟空義的，是性空唯名系的思想。性空唯名系以因緣法為主，勝義空為究竟，而依循於緣起性空，為名副其實的「空宗」。

《中論》說：「未曾有一法，不從因緣生；是故一切法，無不是空者。」又說：「以有空義故，一切法得成；若無空義者，一切則不成。」般若系的立論基礎是「緣起性空」，空和有並不互相矛盾，相有與性空是一體兩面，我們處世自在的要領是：「宛然有而畢竟空。」面對世間現象，要從畢竟空的實相了解世間現象的緣起法，從而掌握性空是萬法的法則。

性空是否定自性的存在，否定有不變性、獨存性、實有主宰性，人之所以有煩惱，之所以流轉生死，即是因此自性妄執。在緣生、緣滅的世間現象裡，如果我們能放下自性妄執，便能自在無礙。

大乘三系中，主張「自性空」的性空唯名系，是真正屬於「空宗」的空性論者，虛妄唯識系與真常唯心系都立本於「相有」，但是虛妄唯識系為「他空自不

性空唯名系

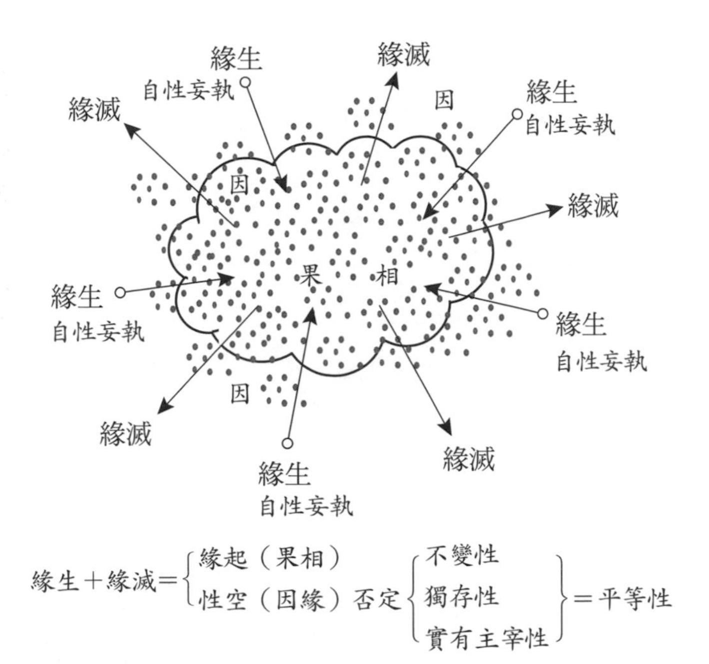

空」；真常唯心系則是「他性空」論者，放不下「自性見」，所以都屬於「有宗」。

虛妄唯識系雖然信受一切法空，但是只承認外境的空，認為唯識的內境是不空的。如果虛妄分別有的心識，是空無自性，便無法建立起「唯識無境」的立論。

唯識學將我們的心識，細分為「八識心王」：眼識、耳識、鼻識、舌識、身識合稱為「前五識」，意識稱為「第六識」，末那識稱為「第七識」，阿賴耶識則稱為「第八識」。

虛妄唯識系（妄心系）

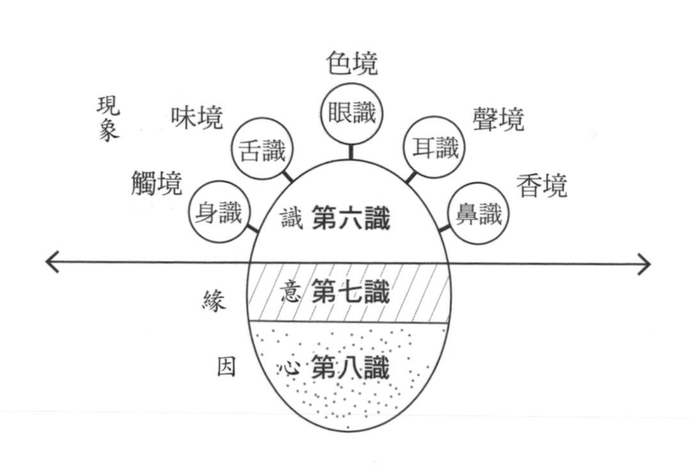

古德用一個偈子介紹八識：「八個兄弟共一胎，一個伶俐一個呆，五個門前做買賣，一個在家把帳開。」正常的人都是八識具足，如同八個兄弟融入一個人的生命。第七識是聰明伶俐的，帶有與生俱來自私自利的習性，負責運作呼吸、心跳、循環的生命現象；第八識則是老老實實記錄著善惡種子，從不失真。前五識則是如同商人做買賣，負責對外蒐集色境、聲境、香境、味境、觸境等五境資訊，提供給第六識開帳，決定善惡念和善惡業。

學習唯識學，找到轉染成淨的方法，滌淨八識的全部汙染。我們修行的著力點在於第六識，從此帶領諸識轉識成智，超凡入聖。

「真常唯心系」認為如來藏真常清淨，人人

真常唯心系（真心系）

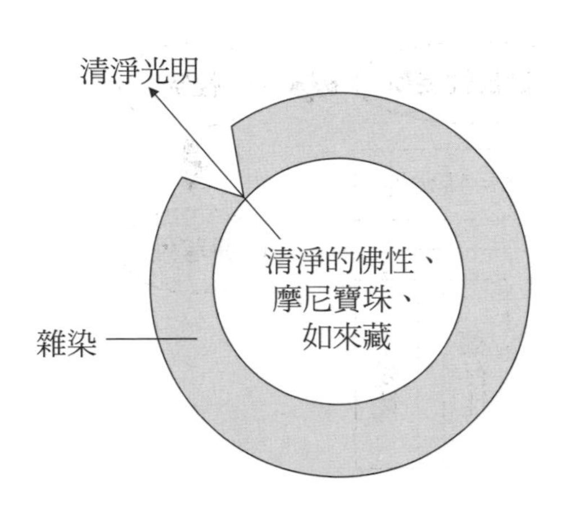

皆有如來藏，眾生皆可成佛，只是被煩惱雜染所覆蓋，所以不見自己的佛性。如來藏猶如摩尼寶珠，是我們清淨的佛性，本自具足，不假外求。宋朝的茶陵郁和尚有一首開悟詩，可譬喻為如來藏的解說：「我有明珠一顆，久被塵勞關鎖；今朝塵盡光生，照破山河萬朵。」明珠象徵的是佛性，是與生俱來的無價寶珠。只可惜明珠長年累月被煩惱的塵勞關鎖，蒙塵無光。而當煩惱塵勞消失了，明珠的光芒自然就能光明遍照。

《如來藏經》更以九種譬喻，說明眾生皆有佛性的如來之藏：⑴萎花有佛，⑵蜂群繞蜜，⑶糠糩粳糧，⑷不淨處真金，⑸貧家寶藏，⑹菴羅果種，⑺弊物裹金像，⑻貧女懷輪王，⑼鑄模內金像。雖然眾生為煩惱覆蓋而迷途，但是如來之

否定自性妄執

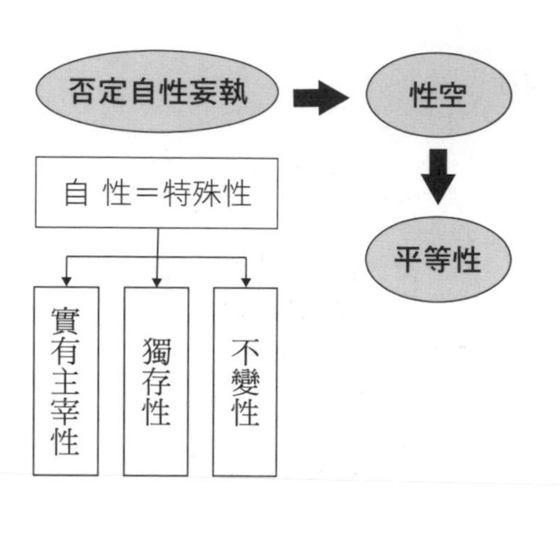

藏，是常住不變的。

因此，修行不需要捨棄自家寶藏，心外求法只是在虛擲生命而已。

大乘三系關於「自性」的定義，有不同的看法，可簡述如下：

(1)**性空唯名系**

自性是不變性、獨存性、實有主宰性。因緣法不具有自性，自性是妄執出來的，因此以空否定自性的存在，即是性空；一切相有只是因緣和合離散的過程，並非實有，只是假名安立而已。

(2)**虛妄唯識系**

重相，不重性。比較深層的稱性，比如唯識性、自性分別等。

(3)**真常唯心系**

認為自性是指清淨的佛性、如來藏。因此，修行要識得自性，自性自悟，但用此心，直了成佛。

真常唯心系的「自性」，指的是眾生本具的清淨無染，如同摩尼寶珠般的佛性、心性、如來藏。眾生皆有佛性，但卻不知道自己本具這樣的珍寶，因為被外來的客塵煩惱所覆蓋，所以渾然未知。

如同禪宗五祖弘忍大師座下弟子，神秀與惠能二位禪師，所留下的禪偈流傳千古。神秀禪師的偈文：「身是菩提樹，心如明鏡臺；時時勤拂拭，勿使惹塵埃。」這是從「相有」著手。惠能禪師則寫道：「菩提本無樹，明鏡亦非臺；本來無一物，何處惹塵埃？」這偈文則是用「性空」來觀照，也就是以「法性空慧」破除自性妄執。惠能禪師是在聽聞《金剛經》中的「應無所住而生其心」經句後，明心見性而作成此偈，承襲了禪宗五祖弘忍大師的衣鉢，成為禪宗六祖。

2. 菩薩六度萬行，般若為導

大乘佛教菩薩以「六度萬行」為主要修行方法，若沒有般若的引導，前五度如盲。透過般若理解三輪體空，對施者、受者及所施物三者，皆不起執著。若無「般若為導」，則布施、持戒、忍辱、精進、禪定皆是修得世間福德，不名為波羅蜜，無法圓滿成佛的究竟菩提，也無法運作「世出世入」無礙的悲智雙運。波羅蜜主要是「度」的意思，即從凡夫此岸到達聖者彼岸的完成，乃至福慧具足而圓滿佛道。

六度波羅蜜包括：

(1)布施波羅蜜

布施波羅蜜可對治慳吝。布施分為財施、法施和無畏施三種，為幫助眾生而盡己所能奉獻。財施是以物質和金錢來布施；法施是用佛法來布施；無畏施是讓人免於恐懼。

(2)持戒波羅蜜

持戒波羅蜜可對治惡業。修行方法即是佛教所說「諸惡莫作，眾善奉行」，不應該做的絕對不做，應該做的努力去做。不只是消極地不做壞事，更是積極行善、廣結善緣。

(3)忍辱波羅蜜

忍辱波羅蜜可對治人際之間的瞋恚等煩惱，稱為「耐怨害忍」；並可面對大自然界的冷熱寒暑，甚至天災等變故，稱為「安受苦忍」；還有最深層對法性空慧的確認，這也是般若智慧的來源，稱為「諦察法忍」。想要解除人生痛苦，需要具有極大的堅忍力，才能勇往直前。

(4)精進波羅蜜

精進波羅蜜可對治懈怠，抱定決心，排除萬難，勇猛進修種種善法。

(5)禪定波羅蜜

禪定波羅蜜可對治散亂，以禪定力安頓身心。

(6)般若波羅蜜

般若波羅蜜可對治愚癡。般若即是智慧，有了智慧才能修正錯誤的見解，並引導前五波羅蜜，破除自性妄執，走上福慧雙修的修行方向。佛法特別重視般若智慧，如《心經》所說，我們要透過行深般若波羅蜜多，才能度一切苦厄。如果我們不依般若波羅蜜而行，則無法出離生死苦海。

般若是「緣起性空」，因為性空而無所求、無所得、無所住，但是凡夫只想「一分耕耘，一分收穫」，在耕耘的當下，往往急於有所收穫，往往是在果報上的追逐，但果報不一定馬上現前，就會以為耕耘沒有用。因此，性空讓我們更重視善因善緣的耕耘，「只問耕耘，不問收穫」，這是超越世俗的凡夫心。隨順因緣，克盡本分，因緣成熟時，果報自然會出現。因此，菩薩以般若為導，因為性空就能「應無所住」而行於布施、持戒、忍辱、精進、禪定等波羅蜜，世世行走在菩薩道上，得般若智慧到達彼岸。

（三）般若度一切苦厄

我們為什麼要學佛？是為了知苦離苦，進而離苦得真實究竟樂。大乘佛教的菩薩行者，不只希望自己能解脫痛苦，更希望幫助所有眾生同得安樂。所謂的菩薩，是能發心自利利他、自覺覺他者，救度生死苦海裡的眾生，乘上般若智慧的法船，度一切苦厄，到達涅槃的彼岸。

《般若波羅蜜多心經》的「波羅蜜多」四字，梵文是 Pāramitā，依據印順導師在《般若經講記》的定義有兩種：

1. 凡事做到了圓滿成就的時候，印度人都稱作波羅蜜多，就是「事業成辦」的意思。

2.凡做一事，從開始向目標前進到完成，中間所經的過程、方法，印度人也稱作波羅蜜多，這就是中文「度」（到彼岸）的意思。

學佛是解決我們人生的苦痛，甚至超越生死輪迴，稱為「波羅蜜多」，即是「事業成辦」的意思，也就是「能除一切苦」；而解除人生苦痛的過程與方法，也稱為「波羅蜜多」。

二、般若是緣起性空

般若是修行核心，是《心經》的心髓，但什麼是般若？簡單來說，就是因緣法，也是「緣起性空」。般若的梵文是Prajñā，漢譯保留了原來的音，沒有直接翻譯它的意義，這是因為實在很難使用中文來表達般若的透徹之意，不容易意譯，所以就保留了音譯「般若」。

（一）世間智慧和般若智慧

佛法將智慧分為兩種，一種是世間智慧，屬於世俗諦；另一種是超越世俗的般若智慧，屬於勝義諦。

佛教將能呈現出現實世間的現象，稱為「世俗諦」，這是不究竟的。世間智慧只能在此生受用，無法破解生前死後的生死謎題。世間有許多專家學者，精通哲學、科學、醫學、文學、藝術等學問，縱然學富五車，但是只能針對世間現象去做研究，面對生死問題卻一籌莫展，無法徹底解決，也未能探究深層的因緣法則。

佛教將般若智慧立足於「世俗諦」的基礎，以因緣法解開生死現象的謎題，達於究竟圓滿的真理現象，也就是諸法實相，這就是佛法所說的「勝義諦」、「第一義諦」。《中論》說：「若不依俗諦，不得第一義。」世間最大的苦厄就是生死輪迴，則必須認清生死的來龍去脈，不能只從今生的現象來解說，落於頭痛醫頭、腳痛醫腳，必須要深入因緣法，達於諸法實相的第一義諦、勝義諦，才能斷除病根，佛法以般若智慧為法藥，讓我們不再為生死輪迴所苦。

佛法所說的般若智慧，專講因緣法，就是悟見「緣起性空」的智慧。佛、菩薩、阿羅漢都有這種般若智慧。不同的是佛菩薩的心量大，智慧也更為深廣圓滿。菩薩因悲心發願遍學一切法門，透過般若智慧而有方便善巧，不但能自利，更能廣度眾生。

有些人以為學佛要捨棄世間智慧，才能學習般若智慧，這是一種很大的誤解。般若智慧可以幫我們通達諸法實相，但是行菩薩道的基礎是世間智慧，再透過般若做為度化眾生、出離生死苦厄的重要橋樑，兩者並不相違背，如此才能「世出世入」都無礙，這是菩薩悲智雙運的福報因緣與智慧資糧。

佛陀教導生死解脫的方法時，以三個真理來說明：

1. 諸行無常

一切事物都在因緣果報法則下，不斷地緣生緣滅，遷流變化不已，沒有任何永恆不變的因緣與現象。

2. 諸法無我

人們都認為有一個獨立存在的自我，但是不論是自我或是世間事物，其實都是

一實相印

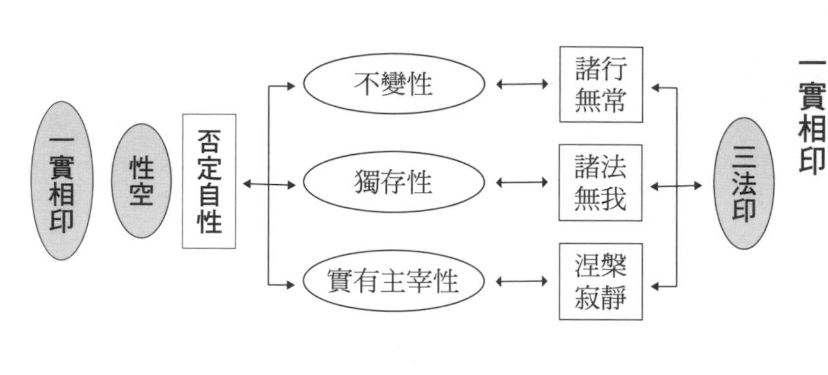

因緣和合的假相，沒有任何獨立自存的因緣與現象。

3.涅槃寂靜

審細觀察一切事物，可發現千差萬別的現象，有其共通性，即皆是由平等無差別的因緣所構成的，這因緣法的空性，也就是平等性，由平等性達於平等相就稱為涅槃寂靜。凡夫透過「性空」，能逐漸體驗諸法無我，及自性妄執緣生出諸行無常，當徹底放下自性妄執，達於真理現象現前，也就能正確地體證涅槃寂靜，涅槃達於平等相而寂靜。

諸行無常、諸法無我、涅槃寂靜的三法印，和性空的三個特質是相應的。菩薩悟證空的真理，即於空性實證諸行無常、諸法無我、涅槃寂靜的三法印。三法印和性空相應相契，大乘佛法時期以「一實相印」概括三者，即是「性空」的法印。

我們想要了解什麼是性空，必須從三種因緣的特性去理解：

1. **因緣不具有不變性**

即呈現諸行無常的現象。以性空否定因緣的不變性，所以呈現無常的世間，因緣不會固定不變，隨時都在遷移變化。

2. **因緣不具有獨存性**

即諸法無我的現象。以性空否定因緣的獨存性，一切事物都是因緣假合而成，小至微塵大至整個宇宙，都沒有單一的獨存性。

3. **因緣不具有實有主宰性**

即呈現涅槃寂靜的現象。以性空否定實有主宰性，我們都有一種錯覺，認為世間有實在性、主宰性。

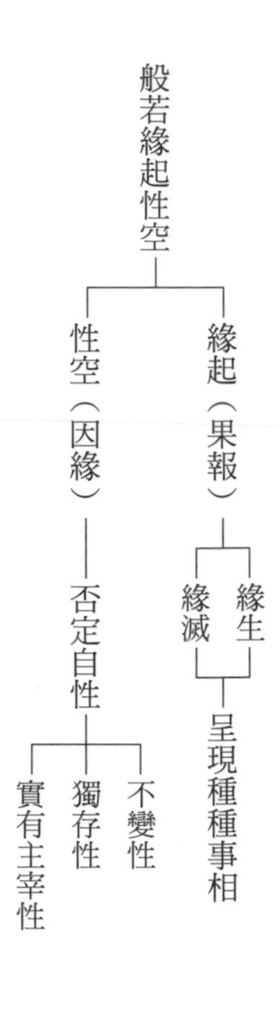

如果因緣具有不變性、獨存性、實有主宰性的三種特性，則稱為「自性」，但此自性是不可得的、不存在的，是我們妄執出來的，故稱「自性妄執」。般若所重「性空」的空，就是否定的符號，否定「自性」的存在，欲破除「自性妄執」，故稱「性空」。對於這三個特性，我原本也不太理解，研讀般若學多年後，才恍然大悟，原來我們修行要「轉迷啟悟」，就是悟在自性的不可得，為什麼卻一直看不懂呢？因為經常迷惑在「相有」，不懂「性空」。佛陀以諸行無常、諸法無我、涅槃寂靜的三法印，說明諸法實相，就是否定這三種特性的存在，我們由此觀照實相，學習放下自性妄執。

世間知識的探求，往往由自性妄執出發，不斷地追逐不變性、獨存性、實有主

生生不已的生命之流

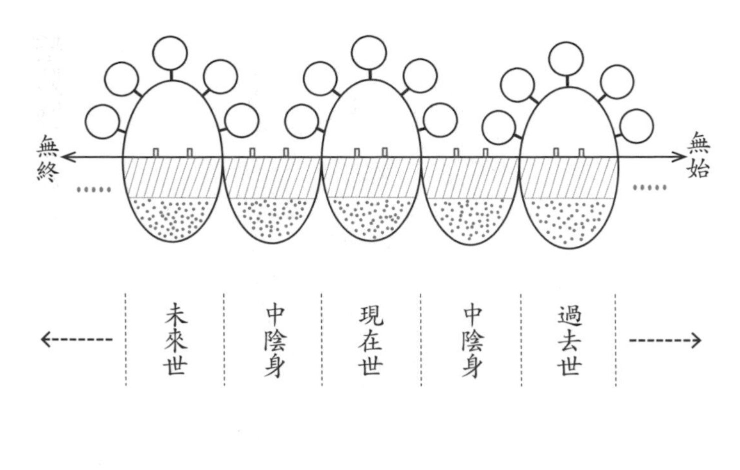

宰性，也就是尋找最小、最基本的端點，其實這不過是暫時的答案，之後會不斷被新的理論與新的發現所推翻，如此反覆循環。例如有人追逐蓋一棟世界上最高的大樓，造一尊最大的佛像，這些其實都是暫時的，將來還是有人能超過這個量數的。

又如同數學上的數線，可以定出零點，但是因為數字能正無限大，而定不出最大的數，也能負無限大，而定不出最小的數：因此數線是沒有端點的，以這個道理說明修行者生命的流轉，就易於解釋為什麼「從無始劫的過去世以來，來到現在，又得面對無終的未來」，這個零點就如同現在。依般若智慧所體驗到的真理，可以徹底拔除自性妄執所造成的錯誤認知見解。若依唯識學，則以第七、八兩識儲藏的眾多因緣，也就是俱生我執與俱生法

破除我執和法執

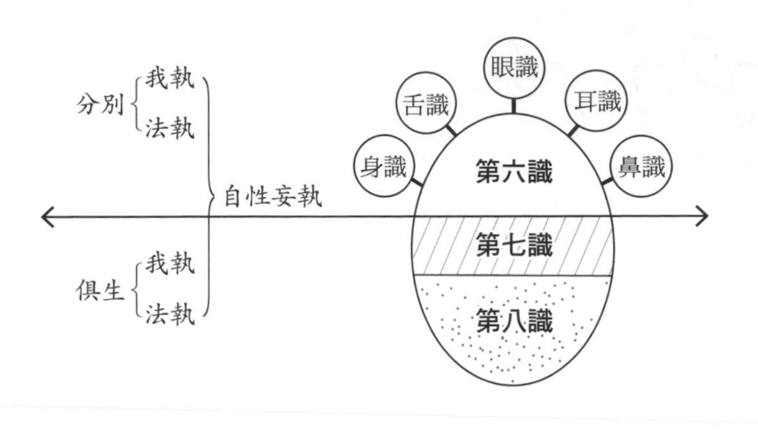

執，貫串起生生不已的生命之流，每一世的有生之年，因為成長出六根，具有前六識，於是生活上又不斷地分別我執與分別法執。唯識學重相，所以詳細分出分別我執與法執、俱生我執與法執；般若學重性，就統稱為「自性妄執」。

印順導師於《般若經講記》說：「我們要消除苦痛，非先從內心上的愛欲和知見改造起不可。自然，這就是行為的改善，也即是人我關係的改善。」我們必須破除我執與法執，也就是破除自性妄執。「觀空，不是知識的論辯，而是藉此以解脫眾苦的。」

觀空可以破除人們兩大根本錯誤認知：

(1) 破除我執

不再執著「我」有不變性、獨存性、主宰性的特質。

(2)破除法執

不再執著「一切法」有不變性、獨存性、實有性的特質。不論是分別性或俱生性的我執和法執，都是自性妄執，是所有痛苦的來源，而我們想要斷除煩惱，必須斷除自性妄執，了達緣起性空，才能解脫自在。

般若心法，可以貫通世間與出世間的智慧，了解人生痛苦的原因，帶我們遠離顛倒夢想，度一切苦厄。

(二)人生的遊戲規則

我們學佛，就是要學習佛陀教導的宇宙人生真理法則。真理法則是什麼呢？簡單來說，就是一種遊戲規則，比方球賽的遊戲規則，如果我們不懂規則，就看不懂球賽的現象；換句話說，如果我們不懂人生的遊戲規則，就看不懂人生百態。

記得當年臺灣少棒隊在國外一路打到世界冠軍，現場轉播都在半夜，大家卻甘願犧牲睡眠，守在電視機旁，情緒隨著激烈的比賽而高低起伏，因為懂得遊戲規則，才會興致高昂，甚至還評頭論足、批評指教呢！球賽的現象，可說是千變萬化、瞬息萬變，球賽的播報員必須伶牙俐齒，能敏銳地分析球賽的過程，尤其在國際賽事，有時可能挑起民族之間競爭的情緒。因此，懂球賽的遊戲規則，才能分析過程中複雜繁瑣的現象，我們的人生也是如此，無可例外。

相同地，要理解一個人的長相比較容易，可從高矮、胖瘦、男女種種外貌表相來認識，但是要理解一個人的個性並不容易。長輩要為子女找媳婦或挑女婿，不會只注重他們的外表，必然多方打聽對方的個性、家庭背景、人際關係、教育程度等，這些都要納入考慮的條件。人的外表與比賽現況是「相有」的現象，較為表淺；人的個性和球賽規則，有如「性空」的因緣，是較為深層的。

一般人對於「般若」的理解確實有困難度，因為般若擅長表達的不是生活的表相，而是深層的因緣法，因緣法就是真理法則，是一種遊戲規則。如果我們理解般若的遊戲規則，等於理解了宇宙人生的真理法則，就看得懂人生的現象。《心經》之所以如此重要，是因為能從中理解人生的遊戲規則，看懂世間萬相，體會法性空慧，明白人生排列組合的種種因緣皆是性空，進而以般若智慧超越人生現象。

生活中的種種現象如「面子」，隱藏在表相裡的眾多因緣如「裡子」。面子是

肉眼和慧眼之別

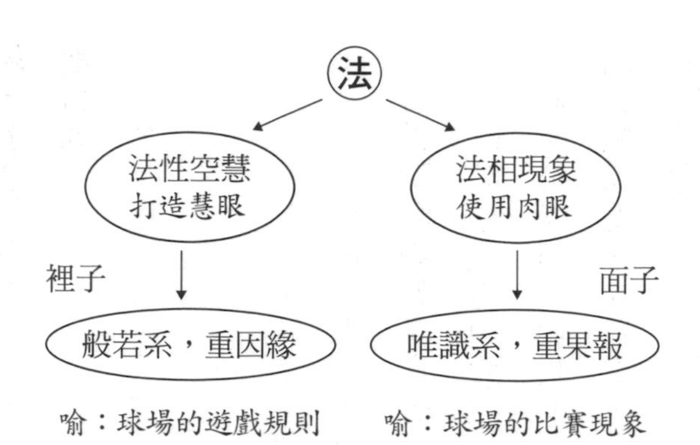

果報體，包含有情眾生的根身「正報」及器界「依報」的現象。現象是無常、虛妄不實的，緣生後必然緣滅，這種緣生與緣滅的現象就是緣起法則。

般若系偏重在遊戲規則，唯識系則重在敘述表相，這兩個系統的共通點，都是透過因緣法看待果報的現象，只不過各有所偏重，般若系依緣起性空看待世間，面對緣生與緣滅的無常相，透過法性空慧，破除凡夫自性妄執的世俗心，而達於聖者諸法實相的境界。唯識系則是重在因緣所生的果報現象，偏重現象上的描述。

因此，般若系不容易學，難在否定式的思考模式，因為講的是因緣，非肉眼所見，必須打造慧眼深觀因緣法，不受時空的束縛，方可盡虛空遍法界。唯識系不容易學，因為要面對繁瑣細密的現象，但可貴的是對現象的分析，能正確精準地看清楚世間的現象。般若系和唯識系這兩個系統，若能相互對照，互補不足，則更能了解法性空慧，而欣然接受宇宙人生的萬象與百態。

如何將般若運用到生活呢？可以藉由潛水法和透視法來體悟空性。我們的人生彷彿站在狂風巨浪的海面上，隨著波濤洶湧的推動，往往無法掌握正確的方向。觀照性空則有如運用潛水法，一旦我們有潛水的能力，潛到海底時，就會發現縱使海面上狂風巨浪，海底的世界仍是一片祥和寧靜。擁有潛水能力去體悟空性時，就不會被世間的表相所迷惑。

般若不只是潛水法，更具有透視的能力，可以看透深層的種種因緣背景。如同做身體檢查時，我們不只檢查外表，更要藉由核磁共振的影像，清楚看見身體內部的組織狀況，才能進一步做正確的判斷。再以粉筆為例，需要有多少的因緣才能做成粉筆呢？首先，除了要有人想用粉筆，也要有人製作、銷售，才有製造和購買的機會。粉筆不可能無因無緣就自然形成，必須要有石膏等材料，將所需材料加入黏著劑，灌入粉筆模具製成粉筆。在使用粉筆當下，不一定能看得到這些因緣，由此可知，粉筆的形成，必須具足諸多因緣，缺一不可。

透過般若的思惟，我們看到的是動態的世界。現象的產生，是由許多的因緣所促成，我們所見到的只是當下的一個結果，這個結果也不會固定不變，會隨著時代的變化而變化，如同教學方式也會隨著改變，從黑板、白板到數位時代，粉筆的使用率已經大為降低。這個世界其實是動態的，因緣會不斷地排列組合。學習般若，就是重新學習看待世界，不只看見物質的表面，更能透視看到精神的層面。一切萬法都有一個共通性：緣生後必然緣滅，這就是緣起性空。

（三）放下自性妄執

我們學佛就是學習佛陀所教導的真理法則：生活的法則、思想的法則、行為的法則。觀察法則時會發現，這些法則有它呈現出來的現象，稱為「法相」，而深層的法則就是「法性」。我們學習佛法，可從「法相」和「法性」的兩個面向來理解。

不論是有情眾生，或是無情的器世界，都有一個共同的特性，也就是性空。

認清形成現象的因緣，非不變性、獨存性、實有主宰性的存在，理性地放下自性妄執，而非感性地放棄現象，般若智慧就能如明月般地皎潔放光。

《心經》說：「色不異空，……無眼耳鼻舌身意，無色聲香味觸法……。」如果從「相有」的角度來看，確實是「有」眼耳鼻舌身意根的現象。若是從「性空」的角度來看，則是「無」眼耳鼻舌身意根，「無」不是沒有，而是說明眼耳鼻舌身意根，都是因緣的和合與離散，並不穩固，隨時都在變化及老化，所以就用「不、無、空、非」來代表性空，也就是無自性。

緣起性空是指每個因緣都不是固定不變的，是一直不斷地在排列組合，而且每個因緣都是平等的，彼此之間都會相互牽動影響。例如上課時，突然有位同學的手機響起，勢必會牽動到大家上課的情緒。這是說明只要有不同的聲音響起，就會受到干擾，這樣的因緣特性，互相牽動，就是性空。

我覺得般若是非常好的疏通劑，就像「通樂」，一通就樂，可以疏通我們的觀念，放下自性妄執。由於自性妄執強大力量的作祟，讓我們一直陷於唯一的、單一的、主宰的漩渦，而追求最大的或是最小的存在。如同科學家一直不停在尋找最小的物質元素和最大的宇宙範圍，不斷地努力追、追、追，這趟探索之旅是永遠追不完的，隨著科學文明的發展，持續發現出各種新的理論。宇宙到底有多大呢？其實宇宙是沒有邊界的，但是我們卻一直認為有邊界，這也是自性妄執。

我們窮究一生想要知道生命的來源，始終在尋找那個單獨、不變的起點，而透過性空可以得知，其實生命是沒有起點的。我們經歷無始劫以來的生命流轉，不但不會停止不動，還要去面對無盡的未來。從數線上，我們可以定出零點，但是無法找到最小或最大數的端點，就算是將二度空間轉變成三度空間，也是找不到邊界的；反之，我們想在空間裡找到最小的點，也是永遠找不到的。

在日常生活裡，我們常展現自性妄執的樣貌，會要求別人：「我是你唯一的愛。」兩個熱戀中的人會彼此發誓「海可枯，石可爛，此情不可變」。現實生活中，我們無法接受第三者的出現，這樣的占有欲，就是想要主宰對方，不准愛別人，這也是一種自性妄執。

自性妄執是我們痛苦煩惱的根源，為人父母者，往往會有一種感觸：好不容易把孩子養大了，孩子有了自己的世界，心裡很難接受這樣的改變。我們必須認清生活不會固定不變，為什麼呢？因為性空的緣故。自性是不存在的，沒有所謂的不變性、獨存性、實有主宰性特質，例如兒子不可能永遠扮演著相同的角色，上學時他是老師的學生，上班時是老闆的職員，結婚後成為媳婦的先生、親家的女婿、孫子的爸爸，隨著因緣，他的角色會不斷地改變。套用《金剛經》的金句模式：「所謂兒子，即非兒子，是名兒子！」稱為「所謂兒子」是緣起而有的，他的角色會隨因緣而不同；因為性空，所以說「即非兒子」；「是名兒子」不過是假名而有的，不必過於在意與執著。

每個人都隨因緣扮演著各種角色，如果我們不認為只有唯一的身分，就不會去要求別人或自己，而互相造成痛苦。「緣起性空」的因緣觀，能讓我們放下自性妄執，而通透性空才能萬事通。

（四）融相即性觀透視萬法

緣生、緣滅是世間的「相有」，是無常變化的，當下就是因緣的和合與離散過程所呈現出的現象，因此相有的當下即是「性空」的，也就是透過「融相即性觀」

來透視這一切現象的變化，而後從性空證悟相空的諸法實相，也就是「泯相證性觀」。

般若，告訴我們自性不存在，都是自己妄執出來的。因此，我們用般若來面對人生的煩惱，理則會比較簡單，可以直接歸納為自性妄執。但是，從唯識學角度來看，方法則會比較複雜，因為著重在現象上，會把煩惱分成「俱生性」與「分別性」兩種執著。什麼是俱生性呢？就是宿世累劫以來累積的習性，有「俱生我執」與「俱生法執」兩種。分別性是指這輩子的六根，接觸六塵，不斷地做出種種分別，而有「分別我執」與「分別法執」。

唯識著重在現象上，所以會比較細膩詳細；般若著重在原則性上，所以會比較通透俐落。例如我們說「那個人有夠惡劣」，只要用一句話形容就夠了，別人一聽就知道那個人屬於惡性重的人。如果要在現象上舉證，則必須詳細條列惡劣行為，像是欺負弱小、惡口傷人、巧取豪奪等壞事，這些都是在說明現象。從行為上說，所有不好的生活習慣和惡劣舉止，都可以歸納為惡性。

般若、中觀重法性空慧，以緣起性空、中道不二而通徹一切，因此宇宙人生的遊戲規則，盡在其中，但是很多人又卡在否定式的思考模式。唯識、瑜伽系重法相，擅於描述法相的諸多變化，因此非常複雜而繁瑣，也是不易解讀的原因，如唯識學的《解深密經》，從現象來說明其甚深的真理法則，是非常困難的，讓人覺得既深且密。但是，如果透過般若來理解宇宙人生的真理法則，正好恰如其分，就不會感覺深密。

以中觀般若來看待現象，一切是緣起法，包含緣生與緣滅的現象。如何形成這些現象呢？從般若來看，所有現象都是眾多因緣和合出來的。例如我們想買書，需要出版社和作者企畫寫書，然後進行排版編輯，請印刷廠印刷成書後，再經由行銷管道，我們才能買得到書。這些複雜的過程裡，除了有形可見的電腦、印刷機、紙張等配備材料，還有許多無形看不見的部分，例如構思書稿、印刷經驗等。

從般若行者來看，世間是因緣和合而緣生與緣滅的現象；不只是看到緣生的現象，也預知未來緣滅的現象；而唯識行者，重視緣生的現象，緣生才有現象，有現象才能描述，緣滅了就沒有現象可言。民主國家選舉時，候選人都希望能夠當選，若能夠當選，表示這位候選人具足當選的因緣，平時就是廣結善緣的熱心人士，才能匯集足以當選的票數。然而，當選不一定是好事，落選也不見得是壞事。上台從政時，可能享有暫時性的權力風光，下台離職時，可能就風光不再了。

很多事沒有絕對的好壞，人生達到巔峰的時候，往往是走下坡的開始；反之，人生跌到谷底的時候，也會是向上爬坡的開始。緣生時，要認真扮演好自己的角色，緣滅時，也能自在謝幕，毫無眷戀。如此，無論人生的劇本如何安排，我們都能自在地表演各種角色。學習般若，就是看透世間現象，了解人生如戲；自然能放下執著。

般若就是要能透視現象中的諸多因緣，而不只是觀看外在的現象。了解因緣法，可以看清楚世間的前因後果，就不致被表象所困惑。觀照因緣，能看透一切的真理法則。真理法則放諸四海皆準，不受時間、空間的限制。我們理解遊戲規則，就可以看透宇宙人生的現象。如果清楚法性空慧，就能明白諸多法相的來龍去脈，全因為性空的緣故，這些瞬息變化的現象，如同過眼雲煙，也都如夢幻泡影！

所有的因緣法則一直都動態進行著，個人無法掌握和主宰，沒有般若智慧，可能會不斷地對自己感到失望。我們都希望自己的團體是最好的團體，自己的家庭是最幸福的家庭，自己的身體是最健康的身體，但是現實生活卻充滿著無力感，總是事與願違。我們能夠主宰這些因緣嗎？雖然主宰不了因緣，卻可以選擇隨順因緣。隨順因緣，要先從理解因緣開始。佛法提供對治愚癡的方法，就是用因緣觀。

為什麼會愚癡？因為沒有智慧。如何能擁有智慧？就要理解因緣法，也就是「緣起性空」的法則。緣起，就是緣生緣滅的現象，這些現象無所不在，比方這輩子緣生出色身，而又依我們的正報身緣生出家庭，乃至於事業，不斷地緣生下去。但是緣生的色身會老、病、死；緣生出來的家庭、事業也離不開生、住、異、滅；山河大地離不了成、住、壞、空，一切都是緣起性空的。

了解性空的特質，就不會被表相所局限。我們很多的痛苦煩惱，無不是淪陷在表相上的分別。例如覺得他比我有錢、比我優秀等種種的心理不平衡，都是在現象上的比較，如何能讓內心平靜下來，透視這一切呢？我們要從所見的現象看到組合的眾多因緣，所有的因緣條件其實都非常平等，每個因緣條件之間，又都是相互影響的。所以龍樹菩薩於《中論》說：「以有空義故，一切法得成。」一切萬法因為性空的關係，有種種森羅萬象的排列組合，方才現出千變萬化的相有現象來，透過緣起性空的理則，我們自然可透視萬法。

性空證悟相空的過程

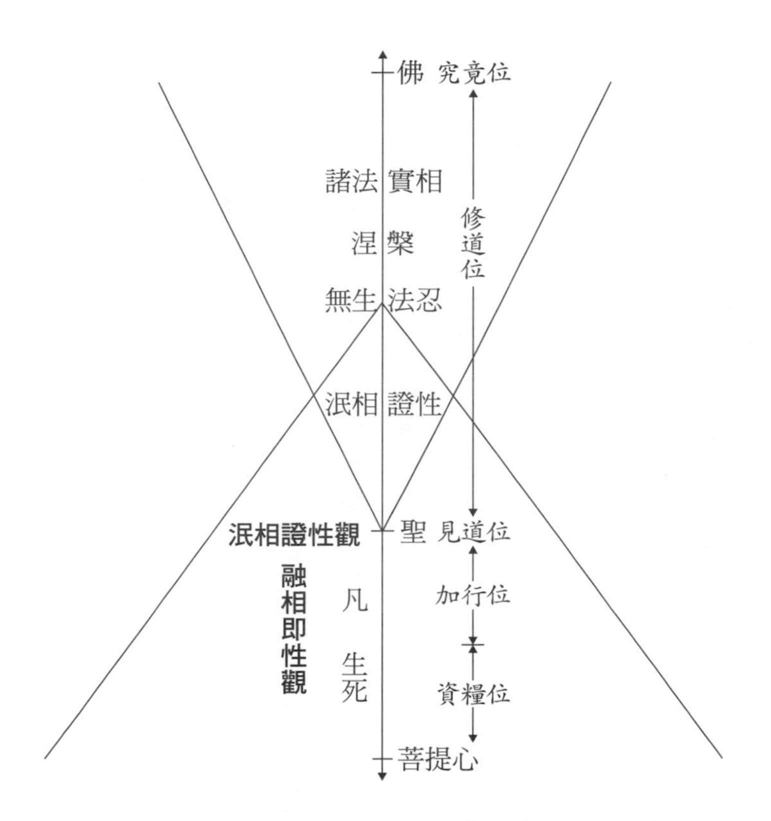

本線圖為三大阿僧祇劫的修行過程簡表，以此說明性空證悟相空的過程，上、下兩大塊三角錐圖，象徵涅槃和生死。三大阿僧祇劫的第一大阿僧祇劫，是凡夫發菩提心福慧雙修的階段（資糧位、加行位）；見道位是超凡入聖的關鍵，由此進入第二大阿僧祇劫，從初地到七地圓滿（見道位，接著修道位）；第三大阿僧祇劫是從八地無生法忍到十地圓滿成佛（修道位、究竟位）。上、下方的三角錐圖交界點在於「五地」。初地現證空性，是超凡入聖的凡聖關；五地則是大乘菩薩和小乘聖者分別的大小關。

「融相即性觀」和「泯相證性觀」是實證般若的雙觀方法，從生死此岸到達涅槃彼岸。「融相即性」意為「相有即是性空」，「泯相證性」意為「泯滅相有，驗證性空即相空」，由此達於「相空」即是「諸法實相」，即是「涅槃」。

三、性空與相空

（一）性空無我真自在

佛陀教導生死解脫的問題，會從有情身心的「無常故苦，苦故無我」說起。世間沒有恆常不變的苦或樂，金榜題名或是名落孫山的當下，雖然會很高興或難過，但都不是持久不變的，可能面臨不同的考驗。如果執著快樂或憂惱是恆常的，因而造成身心的苦惱，這是不明白「無常故苦」的道理。

分析這樣的無常之苦，就能看到這是來自於執著「有我」，一般人不容易理解「無我」，原因在於都是從現象上做思考。很多人難以接受無我，因為明明就有我，為什麼要說無我？「無」是否定的符號，因為有不穩固「我」的現象，時時刻刻都處於變化中。我們的肉眼並不精準，看到多年不見的朋友，通常會說：「你一點都沒變啊！」這或許是客氣安慰的話，但也可能是肉眼很粗糙，看不出變化。實際上，人隨時隨地都在變化中，想要不變是不可能的。「我」是性空的，雖然有我相的存在，但是這個我相不可靠、不穩固，隨時都在變化，細胞一直在老化中。講

「我是性空」不易理解，就直接講「無我」。

透過般若性空，會覺得一切是平等的，不管富貴、貧窮，全部都是性空的，在表相上看起來不平等，但是在法性上是平等的。這是什麼意思呢？富貴不是一成不變；貧賤也不是永遠不變。很多人的富貴，是從貧窮當中努力致富的；也有很多人富貴後由於揮霍無度，以致富不過三代，不知珍惜而致一貧如洗。富貴貧窮的現象，不是固定不變，我們不用執著表相而痛苦，因為這一切隨時都在變化。

在平日的生活裡，如果我們能以「性空」看人生，就有機會降低痛苦。因為我們的痛苦來自於追求表相上的擁有，當我們深入法性的時候，才能有深沉的體會，發現所執著的一切表相，實際上並沒有意義，進而能夠接受表相的變化、接受無常、接受好壞。能夠如此，將可轉化思惟，提昇生命的高度，因「無我」性空得以自在。

（二）相空是諸法實相

「相有」和「性空」是一體兩面的，相有是從現象面來看，性空是從因緣法來看，相有的當下即是性空。換句話說，任何現象的當下，都具有性空的特性。我們修行證悟空性，並非是放棄一切現象，讓自己空空如也一無所有，而是要清楚緣起性空的真理法則。放下的是自性妄執，從性空證悟相空的諸法實相，此即「泯相證性觀」。

相有的當體就是性空，呈現出來的應是「相空」，也就是空無差別的諸法實相，為何我們在世俗諦上看到的卻是「相有」差別呢？《心經》說「無眼耳鼻舌身意」，但是我們卻看到「有眼耳鼻舌身意」；《金剛經》說「無我相、無人相、無眾生相、無壽者相」，但是我們卻看到「有我相、有人相、有眾生相、有壽者相」，為什麼會這樣呢？

我們凡夫確實是有眼耳鼻舌身意的相有，《心經》的「無眼耳鼻舌身意」，是指眼耳鼻舌身意的性空，《金剛經》的「無我相、無人相、無眾生相、無壽者相」，是指性空達於相空，也是諸法實相的現前。凡夫未達聖者的境界，也必然是「有我相、有人相、有眾生相、有壽者相」的，這是很正常的。

因此，凡夫是有我相、人相、眾生相、壽者相，這些現象雖是有差別相，但從

從差別相到平等相

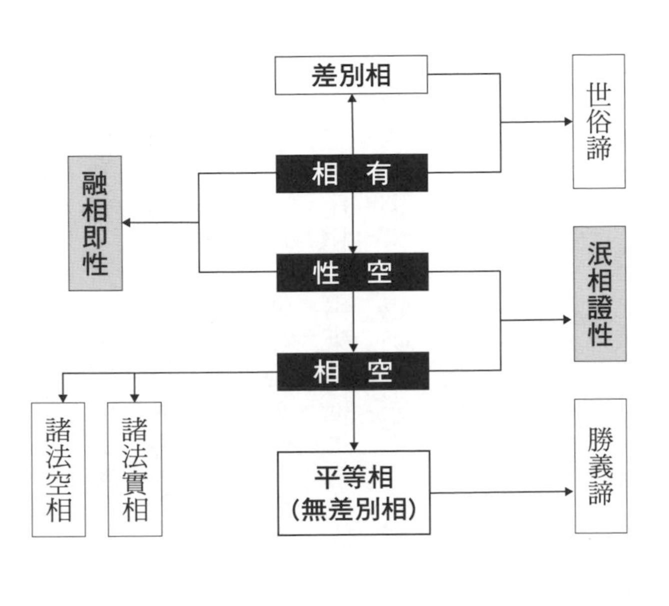

因緣觀來看都是性空，透過明白因緣的空性就是平等性，去接受果報現象，我們因為自性妄執，而起煩惱呈現出的差別相，自然而然差別相就會愈來愈少，愈來愈無差別，愈來愈是平等相，內心也會隨之而平靜。《心經》和《金剛經》所說的「無」字，是指無自性、性空的。自性是妄執出來的，相有是性空的，性空融入相有中，理解法性空慧，透過性空，自然就會呈現相空，也就是聖者「諸法實相」的境界。

「相有差別」是我們凡夫起的顛倒相，在尚未轉凡成聖前，還無法證到相空的境界時，可以先通達性空的道理。因此，當我遇到挫折或困難時，會常自勉提醒：「相是宛然有而畢竟空。」業障或者福報的果相都是緣生而有，面對業障現前，我們可用隨緣消舊業的心態欣然接受這一切，因為生命中的黑盒子，又少了許多惡種子，也才有機會改善，這就是逆增上緣；反之，面對福報，要好好地珍惜，了解福報終歸也會有用盡的時候，依然要培植善種子，累積福報。

有個譬喻影響我至深，有個人好不容易擁有一百斤的稻穀，如果煮來吃，吃一斤就少了一斤，他擔心這樣終究會吃完，於是他想到一個好方法，可以拿其中的十斤、二十斤稻穀再來播種，每收成一百斤稻穀後，就重複播種，那麼他就可以不斷地收成，稻米再也吃不完了。修福報的道理也是這樣，若能將我們的一部分福報做為布施、供養，這即是耕耘善因善緣，等到因緣成熟，福報就會自然現前，所以福報不是能算計強求來的，是要透過善因善緣的累積成熟，才緣生而有。

從世俗諦到勝義諦當中，「性空」是一個很重要的媒介，要一下子從相有直接說相空，會覺得不容易了解。透過性空達於相空，相空就是「空相」或者「實相」，也就是聖者驗證無差別的平等相。空相是透過性空而來的，《心經》上說：「是諸法空相：不生不滅，不垢不淨，不增不減。」在現象上來看，生滅、垢淨、

聖者的平等相和凡夫的顛倒相

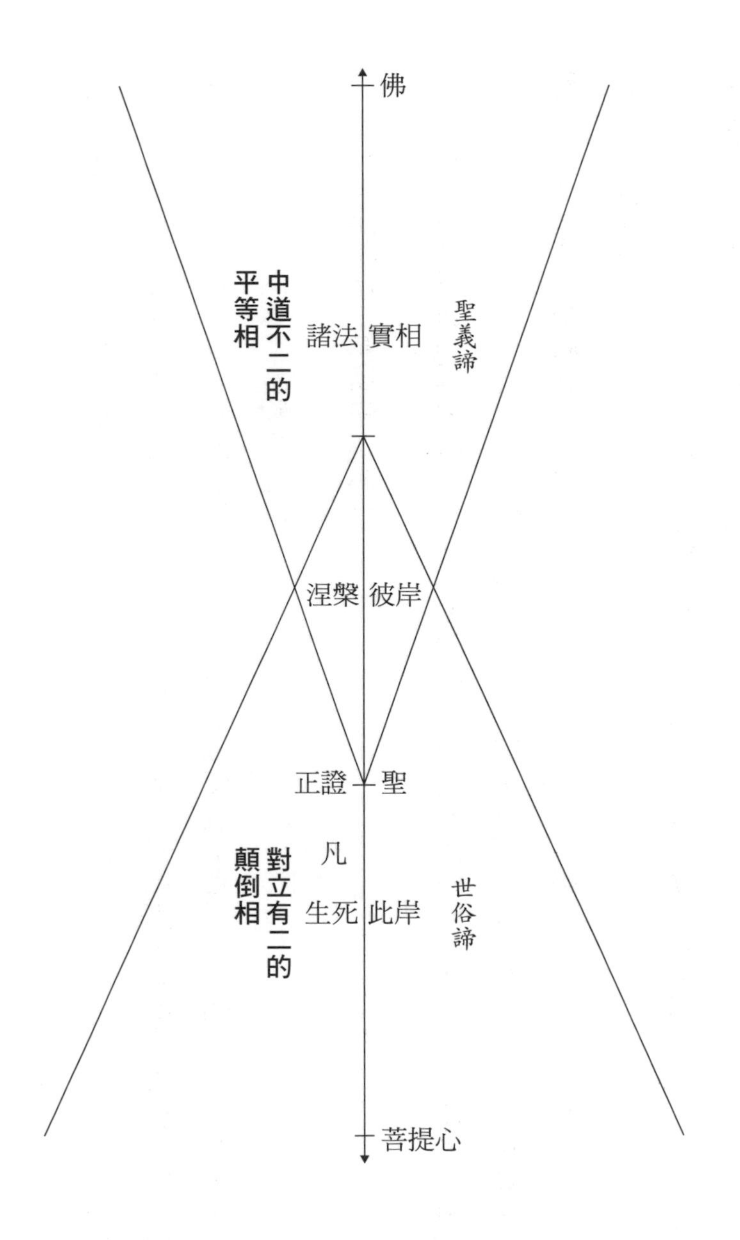

增減有沒有差別呢？在世俗諦上，是有差別的。如果能懂得般若真義，了知因緣勝義的平等性，反而更能接受世間的差別相，不但不會排斥，而且能接受世俗的有生有滅、有垢有淨、有增有減的現象。如同菩薩能潛水到海底，不僅體會到海底的寂靜，當他浮出海面時，更能體恤凡夫眾生身處海面載沉載浮、動盪不安之苦，仍發大心大願，願為眾生解脫生死之苦。

（三）泯相證性觀達中道不二

《心經》所說的「不生不滅，不垢不淨，不增不減」，是透過深觀性空、中道不二的道理而平等相現前。在世俗的認知是「有生有滅，有垢有淨，有增有減」的對立二邊。透過深觀因緣的平等性，打破對立的相有二邊，就能通達性空的中道不二、平等平等。

原來性空對我們的心理與生活有實際的幫助，首先要理解性空，過程中，雖然中道不二的平等相還未現前，我們先通達這個道理，將來才有機會體證實相，真正證入「不生不滅，不垢不淨，不增不減」。讓我們逐漸轉凡夫的自私自利不平等的心，達於聖者生滅平等、垢淨平等、增減平等的心。

自私自利、喜生厭死等性格和態度，是宿世累劫以來非常難調伏的俱生習性，平等的心不是我們今生就能修得。例如我們會很歡喜開心，迎接新生命的到來，但是面對親人的離世，又會悲傷不已。所謂的生，不是絕對不變的生，在出生的同時，其實又一步一步走向死亡。有生就一定會死，人人平等，無一例外。所謂的死，佛法稱人的過世為「往生」，死後又投胎轉世去了，所以生與滅的因緣是性空的，是生中有滅，滅中有生，因緣不能單獨性、不變性、實有性的存在。

如果只看現象，會覺得生就是生，不可能是滅；滅就是滅，不可能是生，這是因為把生和滅區隔分別為二邊。但是改以性空「融相即性觀」來看，相有與性空其實是融然一體的，也就是相有並非固定不變，當下即是性空，由凡夫「有生有滅」的相對二邊，體會「生中有滅，滅中有生」，提昇到聖者驗證的「不生不滅」中道平等不二。

例如從花開花謝的現象，能深觀因緣法的平等性。一盆花「有開有謝」是描述現象，而「不開不謝」，則是性空的角度，花開與花謝的因緣是平等不二的，為何平等不二呢？因為都是性空的。花開百般燦爛，終歸花謝離枝，但是花謝後，種子、陽光、水分等種種的因緣聚合，也會再度花開。因此花開不要太高興，花謝也不要太難過，如此一來，我們的心境就能保持平靜，不會陷入情緒波動的悲喜中。因此體會「開中有謝，謝中有開」，聖者見到的是「不開不謝」，中道平等不二。

我也常用一個比喻來思惟中道平等不二：「到底是雞生蛋或蛋生雞？」這一直是人們想不透的迷思，為何會有這個問題呢？因為自性妄執於雞與蛋是兩件實有的東西，於是想追逐唯一、不變的端點，其實這是找不到的。如果透過中道平等不二，「非雞非蛋」也就是不落入雞與蛋二邊，雞是性空的，蛋也是性空的，體會「蛋中有雞，雞中有蛋」，聖者見到的是「非雞非蛋」，中道平等不二。

即使明白因緣性空的平等性，但是面對生活的現實情境，往往還是難用平等心加以觀照。例如股票市場的漲跌行情，股價分秒都在改變，能否說股市是「不漲不跌」呢？可以的，透過性空，觀照股價行情，有跌必有漲，有漲必有跌。確信因緣的平等性，漲跌過程，只是一時的現象。依凡夫的眼睛去看股價，執著於漲跌的變化。股價漲了，只要沒賣出就沒有賺到，有何高興？股價跌了，只要尚未賣出也不算賠錢，何須難過？至於股票投資者，是賠是賺，端看個人的因緣福報了。福報具足時，自然獲利；反之，福報不足時，百般算計依然落空。所以多修善因善緣，才是福報的最佳保障。透過修行讓我們體會「漲中有跌，跌中有漲」，聖者見到的是「不漲不跌」，中道平等不二。

因此，修行者的意境是高度的問題，愈是能放下自性妄執，愈是能爬得高，愈是爬得高，往下所見現象就愈是平等；聖者就是達到超凡入聖的高度，所見和所驗證的景象是諸法實相的平等相現前；聖者的心境，是因為平等而寂靜的。「般若系」的性空，讓我們放下自性妄執，擅長於高度的提昇；而「唯識系」則是根據般若系所提昇的高度，而一一細述當下所見的狀態。

凡夫的高度都很低，在乎並執著於生活的種種表相，追求著身分地位，名屋豪宅、名牌車……，但是不論達官貴人或是販夫走卒，每個人的一天同樣是二十四小時，同樣歷經日出日落，同樣要面對死亡……。因緣法中充滿了平等性，而所有一切追求的表相，都無法幫助眾生了脫生死，唯有透過修般若智慧，放下自性妄執，才能提昇生命的高度。

我記得有一次搭飛機，剛起飛時，向窗外觀看風景，首先一個個地面上的人，逐漸像一隻隻螞蟻般的微小，分別不出「我相、人相、眾生相、壽者相」。當下恍然大悟，明白《金剛經》的「無我相、無人相、無眾生相、無壽者相」，了解無差別相的聖者境界。再飛高一些，連汽車也都像一隻隻的小螞蟻，分不出汽車的廠牌與價格，新舊與大小，名貴與否了；又飛更高時，道路就像一條條絲帶，此時山河大地一片寧靜，這不就如同聖者的涅槃寂靜，脫離世俗諦的一切相有，進入勝義諦的平等相？經過了一段航程，飛機逐漸下降飛低，道路、汽車、人群、山川，又逐漸恢復了各式各樣的差別相；下了飛機，如同又回到了世俗諦的相有，回到紛紛擾擾的人間，每個人持續地編織著各種顛倒夢想，繼續地生死輪迴。

依循《心經》「緣起性空」、「中道不二」的般若法則，從生活的各種現象，練習透視因緣法，重新觀照身心世界的變化，放下自性妄執，點點滴滴地向上提昇生命的意境，就能認清顛倒夢想，走出生死輪迴。唯有般若智慧能夠透視人生，終將撥雲見日而超凡入聖，達於實相般若的現前。

〈第二篇〉

三世諸佛的佛心

一、《心經》的結構

（一）從凡心到佛心

透過唯識系觀生死，可以清楚生生不已的生命之流，從此理解修善因善緣是我們非常重要的修行基礎，能獲得福報。有了善業的持戒基礎，止惡生善，才有機會更進一步修智慧。

透過般若系修智慧，可以提昇生命的高度。我們發菩提心踏上成佛之道，要透過修菩薩道才能成就佛果，從凡夫到成佛的菩薩道過程，要放下自性妄執而逐漸向上提昇，而般若系的「法性空慧」專門破除「自性妄執」，能提供向上的最大動力。當我們爬山爬得愈高，就能看得愈遠，所見的景象就愈平等。唯識系善於描述修行爬高過程的景象，凡夫、聖者、佛的差異是因為高度不同，所以看到的景象各有不同。

雖然我們是凡夫，卻都擁有佛性，因為具有宿世善根因緣與智慧資糧，所以今生不僅具有善業的基礎，還能繼續學習般若智慧。凡夫可以透過菩薩道的圓滿而成佛，菩薩道上有凡夫菩薩、聖賢菩薩、菩薩摩訶薩三大階段，所行都是六度萬行；但五度如盲，般若為導，因此三世諸佛，都是依般若波羅蜜多而成佛，般若是從凡心到佛心的最大關鍵。《心經》是般若系的核心，而般若則是三世諸佛的佛心。

（二）翻譯者

《心經》的最早譯本，是由鳩摩羅什大師（三四四—四一三年）所翻譯，第二個譯本是由玄奘大師（六〇二—六六四年）所翻譯，玄奘大師譯本於中國最為盛行，本書解經即採用玄奘譯本。

《心經》歷來有多種譯本，《大正藏》現存七種漢譯本，依年代有：

1. 《摩訶般若波羅蜜大明咒經》：姚秦鳩摩羅什譯。
2. 《般若波羅蜜多心經》：唐代玄奘譯。
3. 《普遍智藏般若波羅蜜多心經》：唐代摩竭提三藏法月譯。
4. 《般若波羅蜜多心經》：唐代般若共利言等譯。

5.《般若波羅蜜多心經》：唐代智慧輪譯。
6.《佛說聖佛母般若波羅蜜多經》：宋代施護譯。
7.《般若波羅蜜多心經》（敦煌石室本）：唐代法成譯。

玄奘大師出家後遍學三藏，因對經論的解釋有疑惑，而動念想到印度（天竺）求法，於唐貞觀元年（六二七年）潛出國境，歷經千辛萬難，終於到達印度，師承那爛陀寺戒賢大師廣學教法。玄奘大師所著作的《大唐西域記》記錄了他遊歷西域、印度的珍貴見聞。在歷時十七年後，玄奘大師返回國門，得到唐太宗護持，在長安譯經院譯經弘法，於十九年間，共譯出經論七十五部，一千三百三十五卷。被譽為中國四大翻譯家之一，也是中國法相唯識宗創始人。玄奘大師的生平傳記可參閱《大唐大慈恩寺三藏法師傳》。

玄奘大師與《心經》有段不可思議的因緣，《三藏法師傳》記載其在西行求法途經莫賀延磧時，「上無飛鳥，下無走獸，復無水草」，唯一心持誦《般若心經》，此《心經》的來源為：「法師在蜀見一病人，身瘡臭穢，衣服破污，愍將向寺施與衣服、飲食之直，病者慚愧，乃授法師此經。」大師每逢阻難，只要持誦四十九遍，便能化險為夷，當他抵達印度那爛陀寺時又遇此僧，原來僧人是觀世音菩薩所化現，守護他取經一路平安，觀世音菩薩傳授的「三世諸佛心要法門」，正是這部《心經》。

（三）《心經》科判表

許多佛教經典的論疏中，常會看到經文前面出現段落分明、層次清晰的結構圖，類似於大綱的形式，佛教將這種結構圖稱為「科判表」。談到科判表，我最初接觸到師公斌宗長老《佛說阿彌陀經》的科判表時，感到非常震驚，原來佛經的組織架構是可以有系統、有次第的，這也引起我講經弘法的莫大喜悅，如同掌握了深入經藏的一個利器。

東晉道安法師（三一四—三八五年）被尊為「東方聖人」，為佛教創建許多制度，如開創中國佛教文獻整理和目錄研究先河，並將佛經分為三分：一序分、二正宗分、三流通分，為後世立下典範，沿用至今。後人在三分科判的基礎上，將經文分析得愈來愈詳細，並將經文分為章、節、段，使得經文結構更加有組織，條列分明，形成了更為清晰的科判。

道安法師之後的古德，對於完整經典的解經註釋，例如《金剛經》、《阿彌陀經》、《藥師經》等的科判，必然三分具足。本經是《摩訶般若波羅蜜多經》當中的心要，出自六百卷《大般若經》的〈相應品〉，因此從科判既看不到序分，也看不到流通分，古德為了易於受持，而特地摘出單行流通，所以名為《般若波羅蜜多心經》。

總之，《心經》是《大般若經》正宗分中的一小部分，直接從最精要的標宗與顯義進入般若法海。如同我們熟悉的《法華經》，全經二十八品中的第二十五品〈觀世音菩薩普門品〉，亦是不具足科判三分。

為了讓大家了解《心經》的結構，將引用印順導師於《般若經講記》中的科判並對照經文，整理成表如下列：

科					經文
標宗					觀自在菩薩，行深般若波羅蜜多時，照見五蘊皆空，度一切苦厄。
顯義	正為利根示常道	法說般若體	修般若行	廣觀蘊空：融相即性觀	舍利子！色不異空，空不異色；色即是空，空即是色。受、想、行、識，亦復如是。
				廣觀蘊空：泯相證性觀	舍利子！是諸法空相：不生不滅，不垢不淨，不增不減。是故空中無色，無受想行識。
				略觀處界等空	無眼耳鼻舌身意，無色聲香味觸法。無眼界乃至無意識界。無無明，亦無無明盡；乃至無老死，亦無老死盡。無苦集滅道。無智亦無得。
				結顯空義	以無所得故。
			得般若果	涅槃果	菩提薩埵，依般若波羅蜜多故，心無罣礙。無罣礙故，無有恐怖，遠離顛倒夢想，究竟涅槃。
				菩提果	三世諸佛，依般若波羅蜜多故，得阿耨多羅三藐三菩提。
		喻讚般若德			故知般若波羅蜜多，是大神咒，是大明咒，是無上咒，是無等等咒，能除一切苦，真實不虛。
	曲為鈍根說方便				故說般若波羅蜜多咒，即說咒曰：揭諦揭諦，波羅揭諦，波羅僧揭諦，菩提薩婆訶。

《般若經》說「般若波羅蜜能生諸佛」，印順導師也於《成佛之道》說：「般若波羅蜜，最尊最第一！解脫之所依，諸佛所從出。」《心經》是《大般若經》的心要，自然是三世諸佛心要法門，因此，學佛必讀《心經》。想要了解什麼是佛心，可以先從理解《心經》開始。最好能成為每日定課，讓自己的煩惱心，逐漸轉為清淨的智慧心。

從科判表可以了解《心經》的經文，包括兩大部分：標宗與顯義，經文的第一句先標明宗旨，然後才開顯義理。

《心經》主要標明的宗旨是：「觀自在菩薩，行深般若波羅蜜多時，照見五蘊皆空，度一切苦厄。」整部《心經》的經文，是釋迦牟尼佛直接對舍利弗的開示，首先提綱挈領說明：觀自在菩薩的修行法門，如何透過深觀般若智慧，證見五蘊色心皆空，得度脫一切煩惱苦厄。

接著，科判表的顯義有「正為利根示常道」和「曲為鈍根說方便」。為何闡述的義理會有正說與曲說之別呢？這是因為應機聽法的修行者有利根和鈍根的差別。「正為利根示常道」，是說利根者是屬於利他心較強，發悲願心的「悲智型」修行者，不畏從凡夫至成佛歷劫的長時修行，只因「不忍眾生苦，不忍聖教衰」，發願以平常心生生世世行菩薩道。

「曲為鈍根說方便」，是因為鈍根者屬於信行者。雖智慧不足，但深信正法，所以為他們權巧說方便易行道。何謂方便易行道呢？在經文的最後，結說所謂的「般若波羅蜜多咒」，即是「曲為鈍根說方便」。假如對前文正說的法義，真的沒辦法理解，至少還有一個方便易行的法門：就是持誦「揭諦揭諦，波羅揭諦，波羅僧揭諦，菩提薩婆訶」。

科判表的正常道分為「法說般若體」及「喻讚般若德」。「喻讚般若德」是「故知般若波羅蜜多，是大神咒，是大明咒，是無上咒，是無等等咒，能除一切苦，真實不虛」。用咒語譬喻讚頌般若德可貴，因為般若能除一切苦，真實不虛。

在「法說般若體」也有兩部分：「修般若行」與「得般若果」。修般若行，如何修呢？從蘊、處、界來著手，首先「廣觀蘊空」，然後「略觀處界等空」，最後「結顯空義」。這跟《阿含經》是一樣的修法。直接從有情眾生的五蘊身心觀照，次第詳細說明如何廣觀「融相即性觀」及「泯相證性觀」。

有情眾生透過身心「廣觀蘊空」及「略觀處界等空」，最後「結顯空義」。因為五蘊、十二處、十八界即為宇宙人生細分類的百法，也就是一切法，對一切法都要觀其空義，所以結顯為「無所得」的空義，這就是修般若行得般若果。般若果又分為：「涅槃果」、「菩提果」。涅槃果屬於三乘共果；菩提果是如來不共果，唯有如來能證得最究竟菩提果。修行過程是從菩提、三菩提、三藐三菩提，到阿耨多羅三藐三菩提，這個菩提果講的是阿耨多羅三藐三菩提，就是如來的菩提果。

二、觀自在菩薩

觀自在菩薩，行深般若波羅蜜多時，

「觀自在菩薩」是指修般若法門的人，所修的佛法是「行深般若波羅蜜多」法，透過般若深觀因緣法的平等性，脫離對法相的執著，而獲得波羅蜜到達彼岸。

從生死此岸到涅槃彼岸

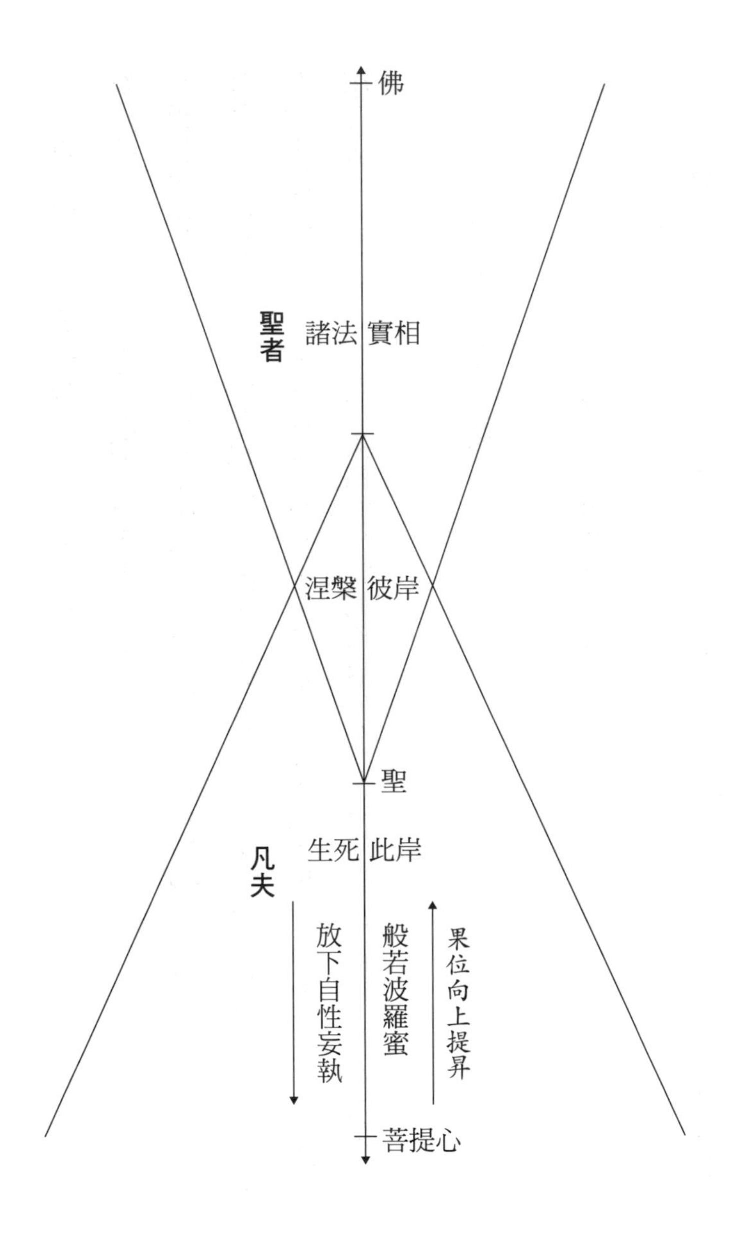

（一）菩薩智慧來自般若

根據印順導師的著作《印度佛教思想史》，佛陀在世時的根本佛教時期，說法四十五年，佛陀滅後，又經過了一百多年一味和合的原始佛教時期，接著是兩百多年分裂的部派佛教時代，雖於戒律法義看法不同而有論諍，但共識是三法印——諸行無常、諸法無我、涅槃寂靜。三法印是佛法的核心，表達其甚深空義，也就是因緣法。直到西元一世紀初大乘佛法興起，經過般若經典的傳出，闡發「緣起性空」勝義，初期大乘佛教即以「性空」即「一實相印」，貫串三法印；般若融貫聲聞、緣覺及菩薩為三乘共證，而般若「緣起性空」更是成為菩薩道六度萬行的核心。

菩薩的智慧就是來自於般若，菩薩如果沒有般若就不名為菩薩，退失菩提心就成為敗壞菩薩。菩提心是菩薩戒的根本大戒，大乘佛法的法種：由發菩提心開始，一直到阿耨多羅三藐三菩提的成佛果報，這漫長的過程中，都依著「般若道」方能到究竟彼岸，不論是第一大阿僧祇劫：凡夫從此岸得度到聖者彼岸的完成，乃至第二大阿僧祇劫：聖者從初地菩薩的此岸，歷劫修行到七地菩薩，聖賢菩薩位的完

三大阿僧祇劫的修行過程

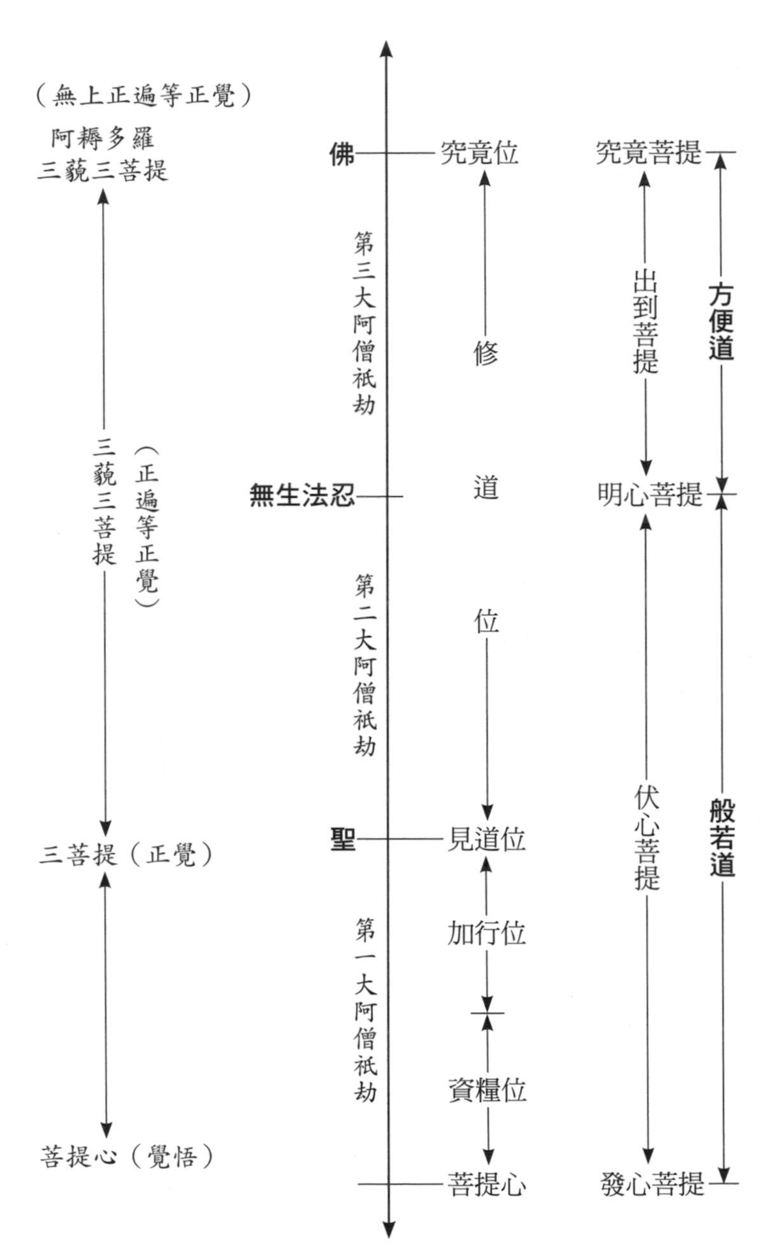

成；進而第三大阿僧祇劫修行的「方便道」，亦是成熟的般若道，再從八地菩薩摩訶薩修行到十地菩薩摩訶薩，又經過等覺、妙覺而完成佛果，都要依著「般若」而究竟完成。三大阿僧祇劫成佛的過程中，菩薩難行能行，難忍能忍，如果一直只在表相上行持，這樣的深度與廣度是不夠的，很容易退失道心，必須深觀因緣的空性即平等性，唯有深入法性空慧，才有可能方便善巧、悲智雙運、盡虛空界，才能夠生死無礙，也才能夠完成佛道的大業。

（二）觀自在菩薩

《心經》裡所謂的「觀自在菩薩」，是透過行甚深般若智慧的觀照而得自在的菩薩，不一定專指普陀山的觀世音菩薩，或是某位特定的大菩薩。只要能夠透過般若觀照宇宙人生的真理法則，世間的一切束縛，而能得自在無礙者，就是觀自在菩薩。

菩薩，梵語菩提薩埵，也就是覺有情；菩薩是透過學習發願，依著般若智慧學習而覺悟的有情眾生；也是因為悲心的緣故，不忍眾生苦，而去幫助眾生覺悟的有情眾生。以大乘行者來講，不只具有生死解脫的智慧，更慈悲眾生仍在生死苦海，願意悲智雙運，發利益眾生的菩提心，也就是「上求佛道，下化眾生」的自覺又覺他的菩薩行者。

菩薩，就如同從初一、初二轉至十五的月亮。凡夫如同初一的月亮，雖然被很多的無明煩惱所覆蓋，但一念的菩提心起，願意學習般若波羅蜜多，放下自性妄執，就可以從不自在的菩薩，成為少分的觀自在菩薩；相對多分的聖賢菩薩，透過法性空慧通達真理法則，觀究然有而畢竟空的修習，與「性空」相應，斷分別我執與法執，驗證真理現象，名為觀自在菩薩；滿分的菩薩，是行深般若波羅蜜多，洞見人生的究竟實相，達於生死的解脫，緣起大悲心幫助眾生解脫，成就眾生、度化眾生、利濟眾生的菩薩行者。此處是指八地以上的菩薩摩訶薩，能夠分身無數者，真正得身心自在、智慧自在，隨順眾生的願求，因緣和合相應而成就利益眾生，實名為觀自在菩薩。

（三）行深般若波羅蜜多時

菩薩的智慧來自於般若，菩薩如果沒有般若就不能稱為菩薩，退失菩提心就成為敗壞菩薩。菩提心是菩薩戒的根本大戒，大乘佛法的法種：從凡夫發菩提心開始，一直到阿耨多羅三藐三菩提的成佛果報，都是依著「般若道」才能到達究竟彼岸的。在這三大阿僧祇劫漫長的修行過程中，如果菩薩只在表相上行持，很容易退失道心，必須有般若智慧深觀因緣的平等性，才有可能方便善巧、悲智雙運，難行能行、難忍能忍，完成佛道的大業。

般若波羅蜜多是菩薩修行的方法，而觀自在菩薩所實踐的是甚深般若波羅蜜多，是佛法中的勝義智慧，專指體證既深且細的「因緣法」。「因」是我們起心動念的念頭，生滅不已的心念，又分為善因、惡因與無記因，無記因是無關乎善惡，例如餓了想吃，睏了想睡，吃與睡並非善因，也非惡因，為無記因。若是雜染無明的惡因，感召惡緣而造作惡業，將使業障現前；若是清淨利他的善因，感召善緣而造作善業，將使福報現前。

但是，肉眼只能看到福報的表相，而隱含其中無形無相的因緣，在未成熟時如同睡著了一般，一旦成熟後，就呈現出果報的現象。所以說：果報是依著「緣起」法則，呈現「緣生、緣滅」的現象，非肉眼可見，為何會如此？因為「緣」是透過執著而形成的聚合力量，但是這股力量是無穩定的，緣生而來，必然會緣滅而去，才能脫離對果報相上的執著，對相有的迷惑，唯有透過甚深因緣法，體證緣起性空，才是行深般若波羅蜜多時。

（四）自在無礙菩薩行

我們如果懂得透過般若波羅蜜多，觀照所謂的我，不過就是地、水、火、風四大緣生的我，四大不調時生病，四大離散時，逐漸老化以至於死亡，我是虛幻非實的，放下以自性妄執為主的自以為是，從有我而體會無我，就能成為身心逐漸自在的菩薩。

當我們所觀行的是甚深因緣法——般若波羅蜜多，能照見的五蘊身心，皆是「性空」，當前的生命是由五蘊所因緣和合緣生出來的暫時現象，當這五蘊身心因緣離散時，「萬般帶不去，唯有業隨身」，也就失去這期生命，又隨著善惡因緣業力生死輪迴。因此，我們有生之年，應體認現在世業報體的根身與所處大環境的器界，不管是善是惡，都是我們自己累世造作的果報體，要能理解，如實接受。接受以後，再「隨順因緣，克盡本分；善盡本分，隨緣放下」。這是我們今世待人處事的態度，若想要改善未來，就要落實當下，用心盡力耕耘善因緣，福報待時待緣自然化現。

透過因緣接受果報，自然能度脫一切苦厄，換句話說，般若就是能度一切苦厄的智慧。因此，當我們誦持《心經》時，如果能夠運用般若波羅蜜多的智慧，觀照世間一切法皆空，了不可得，降低我們的自性妄執，就是一位朝向真理法則，勝義諦空觀的觀自在菩薩了。

三、觀我空，破我執

照見五蘊皆空，度一切苦厄。

般若經典的甚深義理，往往以遮顯的否定式符號，如烘雲托月、雲駛月運法，來表現與襯托實相勝義，也會用正面表顯、呈現聖者證得的境界。聖者境界的特質，是透過否定符號的思想革新，超越既有的自性妄執，從深觀因緣法的平等性觀照下手，因此首先就要「照見五蘊皆空」。經中所呈現的文意，常常是在否定凡夫認知的錯謬境界，我們若是將詞句逆向解讀，如將「五蘊皆空」改為「五蘊皆有」，會發現眾生原來是如此地執著五蘊。

執著來自於根深柢固的自性妄執，迷惑在五蘊的表相上，以至種種痛苦煩惱纏繞身心，難以超脫自在。這種盤根錯節的苦厄，一旦透過般若波羅蜜多，來照見五蘊結合的自我，是虛幻非實的擁有，就能逐漸成為一位身心自在的菩薩。

（一）五蘊與百法

佛法將宇宙人生的一切法，分為五位百法。五位即是「心王、心所、色法、不相應法、無為法」五大類，「無為法」是指無造作，共有六法，另外四類都是有為法，也就是造作出來的種種現象，共有九十四法，故稱為五位百法。這個總表如同

五位百法和蘊、處、界關係

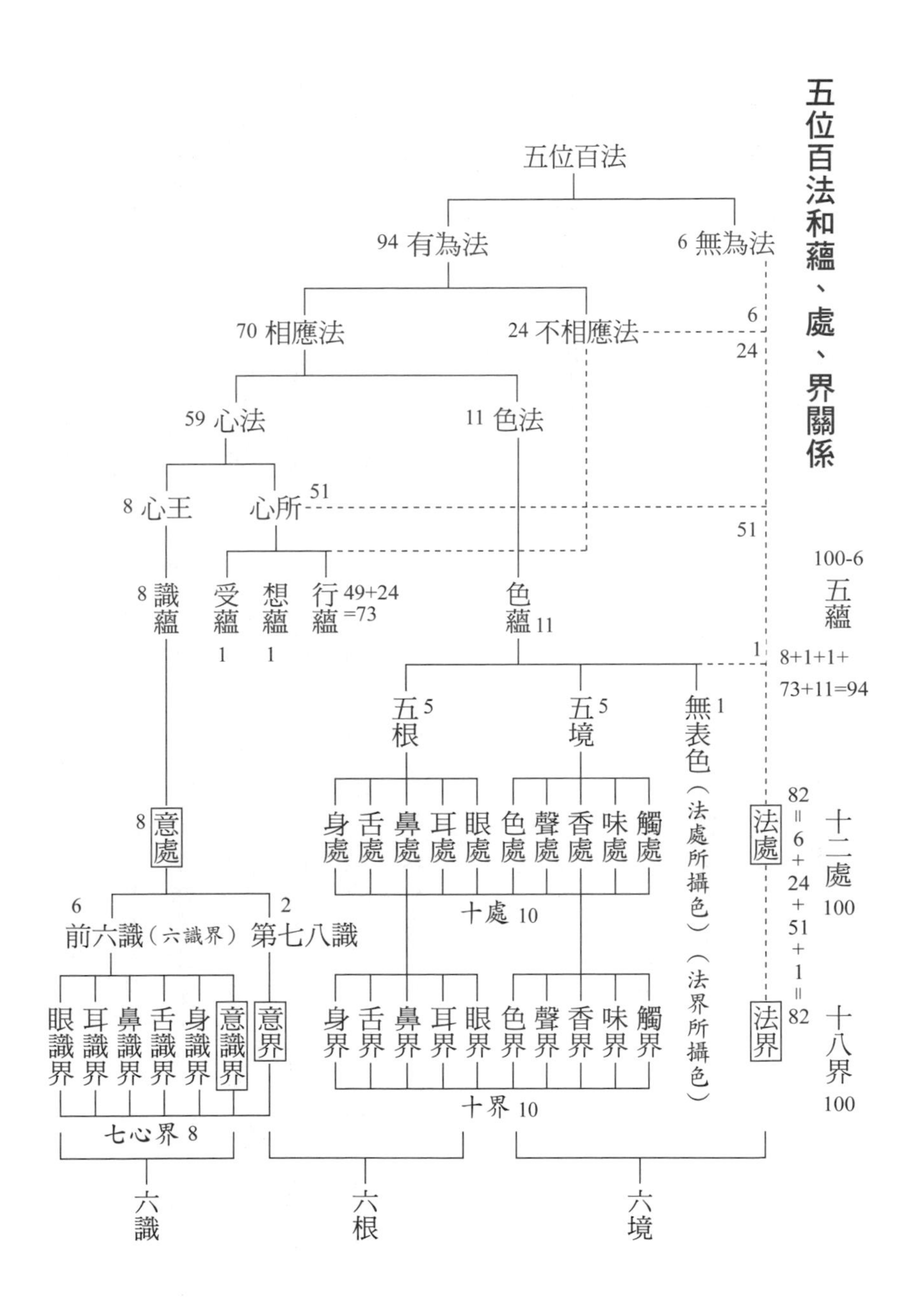
五位百法
94 有為法
6 無為法
70 相應法
24 不相應法
6
24
59 心法
11 色法
8 心王
心所 51
51
100-6
8 識蘊
受蘊 1
想蘊 1
行蘊 49+24 =73
色蘊 11
五蘊
1
8+1+1+
73+11=94
五根 5
五境 5
無表色 1
（法處所攝色）
（法界所攝色）
身處 舌處 鼻處 耳處 眼處
色處 聲處 香處 味處 觸處
十處 10
8 意處
法處
82 = 6 + 24 + 51 + 1 = 82
十二處 100
6
2
前六識（六識界）
第七八識
眼識界 耳識界 鼻識界 舌識界 身識界 意識界
意界
身界 舌界 鼻界 耳界 眼界
色界 聲界 香界 味界 觸界
十界 10
法界
十八界 100
七心界 8
六識
六根
六境

宇宙人生中的圖書館分類，讓我們可以清楚地檢索宇宙人生的一切法。

有情眾生即是五蘊身心和合的生命體，即是這五位百法中的「有為法」，如同《金剛經》所說的：「一切有為法，如夢幻泡影，如露亦如電，應作如是觀。」「無為法」是宇宙間的真理現象，也就是「諸法實相」，佛陀於《雜阿含經》中說：「非我所作，亦非餘人作。」只要透過造作即是有為法，都具有自性妄執，造成有生有滅的世俗現象。無為法則是透過擇滅，也就是放下有為法的執著與造作，般若智慧的思惟即是否定式的思考模式，破除自性妄執，達於無為法的現前，也就是聖者自證的真理現象——諸法實相。

（二）眾緣和合的我相

佛法將所有一切物質的現象，總攝為色蘊；心理的活動現象，則是受、想、行、識四蘊，蘊是聚集的意思，總名為五蘊。因緣和合出來的生命現象，都具有色、受、想、行、識等五蘊。在五蘊與百法的對應來看，色蘊有十一法，受蘊一法，想蘊一法，行蘊七十三法，識蘊八法，總共九十四法。

1.色蘊

色蘊具有兩個特質：一個是質礙，另一個是變壞。色蘊是物質呈現的現象，具有質礙性，質礙性是什麼呢？比方說我們人無法穿牆而入，人與牆壁各有質礙，我們必須在牆壁鑿出空間設門，才能出入。物質與物質之間會相互妨礙，所以是有質礙性的。五趣中的色身相有都是因緣和合而生，因緣離散而滅，若此世投生為人，人身是正報身，脫離不了老、病、死，而所依的環境稱為依報，也離不了成、住、壞、空，這就是物質色蘊會變壞的基本原理。

色蘊包含了能造的地、水、火、風四大基本元素，聚集而成所造的眼、耳、鼻、舌、身等五根，既然有根身就有質礙性，也有相對的色境、聲境、香境、味境與觸境五境，共十法。還有無表色一法，是第六識造作的意業，沒有表現於外的現象，第六識受到五根與五境色蘊的影響，產生思善、思惡的業力因緣，以唯識學來說，是記錄於第七、八兩識的善惡因緣，潛藏為未來世的業力。色蘊於百法中共十一法。

2.受蘊

受蘊，是內心接觸外境一種領納的感受，直覺而主觀地來自深層的第七識，第七識是以自我為主，保有宿世累劫以來的習性。例如夏天外面很熱，有的人進入冷氣房，覺得好涼快、好舒服，馬上感受到很合意的感受，就是「可意受」。但是有的人雖然在同一個冷氣空間，同樣的溫度，卻感受冷到打顫，就成為「不可意受」，因此可意與不可意非常主觀，沒有一定的標準，這是直接領納的受蘊。對於人際間的覺受，比方有人對你一笑或是瞪了你一眼，對於受的可意不可意反應立即出現，接著就會產生種種想法。受蘊於百法中僅是一法。

3.想蘊

人際之間的互動，很容易影響我們的想蘊，想蘊是「心取相」的諸多因緣，單單只是看到別人的臉色，就可能胡思亂想：「他為什麼要對我笑？他對我有何企圖？」「他為什麼瞪我？我到底有什麼地方對不起他？」在想之前，必然先要有受，例如整個上班環境很舒服，即使人際之間有不舒服的小摩擦，或許還能忍受；如果上班環境不舒適，加上天氣熱，自己心情又不好等於火上加油，就容易產生負面想法，就成為思惡的關鍵。若是透過學佛正面想法，就有可能三思而後行。思善、思惡就是因緣業力的造作力量，呈現將來的福報、業障，豈可不慎？因為受蘊與想蘊與修行的因緣業力有關，所以需要特別提出。想蘊於百法中僅是一法。

4.行蘊

行是造作的意思，與外境接觸時，內心生起了如何適應、改造等的心理作用，不是停留在想蘊，而是意志在做決定，付諸行動對境界的安排與執行。行蘊涵蓋的範圍很大，除了受與想兩蘊以外，其他的四十九個心所都屬於行蘊，還包含與心、色不相應行的二十四法，於百法中共為七十三法。

5.識蘊

識蘊即是八個心王，即是有情眾生運作中的綜合體，為核心的心識，分為眼識、耳識、鼻識、舌識、身識、第六識、第七識、第八識，總共八識，於百法中為八法。造作因緣業力的關鍵是第六識的思心所，思善思惡的所有種子，全都儲存在第七、八兩識，將來業障或福報現前時，都和這一串起心動念的善惡念頭有關係。

（三）放下自性妄執

「照見五蘊皆空」的空，不是空空如也的空，而是明白沒有任何因緣是具有不變性、獨存性、實有主宰性的存在。五蘊哪一蘊最重要？沒有哪一蘊最重要。這五蘊都是和合出來，都是性空的，是平等性的，每個蘊都有其聚集因緣，但都不能不變、獨存、實有主宰的存在。也就是當我們真正了解因緣法，了解因緣的三個特性，不刻意再主宰自己要永保青春美麗、健康快樂，不再主宰兒女前途、婚姻的一切，不主宰他人時，痛苦才能夠消弭，人際關係才能夠改善。

我們可以觀察主宰欲很強的人，總是要別人來配合他，而不是他去配合別人；團體中容易受歡迎的人，往往比較能放下自性妄執，做一個很隨和、很發心的人，大家遇到困難就直覺想找他幫忙。因為他經常種福田、做善事，會給人留下好印象，也就是廣結善緣，福報就會多起來。總之，愈能夠放下自我，愈體會到無我，福報也隨之愈大。

（四）五蘊空，苦厄滅

從照見五蘊皆空，能體會到無我。所謂的「我」，只是五蘊、十二處、十八界的和合，只是因緣和合而成的我。和合是暫時的現象，因緣和合之後，終歸會有因緣離散的狀況。身體老化時，要用哪種心情來面對？隨老化而來的病痛，要用哪種方式來紓解？四大離散時，能否生死自在呢？無論是年輕時的健步如飛，或是年老時的舉步維艱，我們不但必須接受，而且要學習歡喜納受。

當我們理解自我是性空的，我是會變化的，從有我相到無我，愈是理解無我，就愈隨順因緣，接受因緣所呈現的現象，明白人生只是隨緣盡分而已，任何一件事的成功，其實需要的因緣太多了，並不能操之在我的，心念一轉，就比較能淡泊名利不與人爭，內心的煩惱愈少，就愈能超越生命的苦厄。

因此，能夠照見五蘊皆空，就是要知道我是性空，每一蘊都是性空，我是五蘊和合而成，五蘊合起來還是性空。「照見五蘊皆空，度一切苦厄」，是很深刻地認知「性空」，既然一切法都是性空的，我們到底在爭執什麼？其實我們爭執的都只是表相的事，相有必然是無常的，有爭執的必要嗎？透過性空，讓我們有機會沉靜下來，而不再自以為是，人一旦自以為是，容易招惹很多苦厄，卻不自知。

當我們體驗到「無我」，就知道所處的世間隨時隨地都在變動，在在都是因緣法，了解因緣就是知道沒有不變性、獨存性、實有主宰性，而能發自內心隨順因緣、與時俱進，必然能感召善的福報因緣，自然遠離苦厄，這也就是學習般若非常重要的宗旨。我們的苦厄來自無明，如果我們有般若智慧，就不會起無明，自然就不會與苦厄相伴相結合，這就是《心經》宗要的部分。

四、觀法空，破法執

舍利子！色不異空，空不異色；色即是空，空即是色。受、想、行、識，亦復如是。

舍利子是本經啟發智慧的當機者，佛陀特別為十大弟子中「智慧第一」的舍利弗說法。「舍利子」是華語與梵語的合譯，梵語 Śāriputra 稱舍利弗多，弗多是子的含意。舍利是印度的一種鳥名，眼睛非常明亮，舍利弗的母親眼睛如同舍利，因而名為舍利，舍利所生的兒子，故名為舍利子。

（一）融相即性觀

空觀有兩個階段：第一是「融相即性觀」，二是「泯相證性觀」，首先初階段是「融相即性觀」，從凡夫境界的「相有」當體，透過「性空」的觀照，也就是「相有就是性空」，即是「融相即性觀」；色蘊、受蘊、想蘊、行蘊、識蘊在百法中屬於有為法的現象界，也就是相有的，相有即是性空，所以前面標宗佛陀就開示「照見五蘊皆空」。

現在說明「五蘊皆空」，首先以色蘊為例，說明色蘊與性空的關係，此處用「不異」，不異就是「不離」的意思。色如果離了空，色相若不是性空的，色相若不是由眾因緣和合而緣生，色相也就無法形成，也就顯現不出色相。空若離了色相，因緣也顯不出功能來，也沒有意義了。因此，色與空、空與色是二者不相離的，所以說「色不異空，空不異色」，佛陀又接著說「色即是空，空即是色」，不僅空與色二者不相離，並且是相即的、等同的，也等於說「緣起即是性空，性空即是緣起」，簡單說就是「色即是空，空即是色」。不僅色蘊如此，受、想、行、識蘊亦復如是，也就是受與空、空與受二不相離，是相即的，「受不異空，空不異受，受即是空，空即是受」，想、行、識蘊同樣如此，這就是「融相即性觀」。

相有與性空也不是兩件事，相有與性空是相即而不相離，例如世俗即是相有的，真理即是性空的，真理與世俗也是相即而不相離，世俗的當下即是真理法則所構成的，也因為真理法則的緣生緣滅而造就了世俗相有。所以說即真即俗，「俗即是真，真即是俗，真不離俗，俗不離真」，真俗無礙，真俗二諦無礙的中道。

這是從空有相對性而觀察彼此的相依相成，得二諦無礙的正見，也就是依緣起的相有觀性空，觀性空而不壞緣起的「加行」；加行是行陡坡必須加油才能衝得上去，修福容易修慧難，布施修福報捐款給值得信任的公益團體，等於委託這個團體幫忙去執行廣結善緣的事，於是能修得很大的福報。但是修智慧，必須自己親力親為，自己去下工夫，不外乎以聞慧、思慧、修慧的方式進行。透過二諦無礙的正見，是為證入諸法空相的前方便，由此引發實相般若，即能達於「般若將入畢竟空，絕諸戲論」的中道實證。

（二）人生努力隨緣盡分

「融相即性觀」透過文字般若和觀照般若來觀照，聽經聞法是透過文字，這是最初步的「聞所成慧」，接著進入「思所成慧」。聞慧的思考是初步的思考，透過禪修能幫助細密的思考、更深細的思惟，幫助我們把文字語言，融入到生命的體系，文字語言都只是呈現於表相，透過性空的觀照，消融了對文字語言的執著與依賴，體驗世間現象的相有而達於空相，空相不是空空如也的相，而是泯滅了凡夫的差別相，呈現聖者體證到平等平等的諸法實相。

我們生活在相有的生活經驗中，難免因為著相而情執，情執而感性，感性而煩惱多，老是跟著感覺走，總覺得缺乏理性的判斷。面對世間相對的二邊，例如「有生有滅」的現象，是我們的生活習慣，一般都喜歡生相，討厭滅相，於是情緒起伏躁動不安，經常煩惱焦躁不已，最後終究落入生死輪迴。

「法性空慧」所提供的正確的理性思惟，來自於因緣法，能夠增長智慧，遂能「以智導情」，以理性的智慧疏導情緒方面的執著煩惱，這是最徹底而究竟的方式。「融相即性觀」，因為相有而情執，必須洗盡一切的情見，不混入平常的計較與執著，於相有的當下見得性空的智慧，性空即是因緣，於相有相對的二邊突破障礙，而能出入無所礙。

舉例來說，每個人都有其優點與缺點，優缺點屬於因緣法，很難具象化，必須因緣成熟了才顯現出來。有些人的熱心，可能是優點，但也可能是缺點，無有定法。如果他的熱心能幫助解決生活難關，便會受人感激，但是如果熱心過頭，侵犯別人的隱私權，就會惹人討厭了。行菩薩道需要慈悲，更需要有智慧，對眾生的關懷才能適度得宜，才能真正地利益眾生。優點與缺點無法分割，就像有的婆婆希望媳婦帶著優點嫁進門來，把缺點留在娘家，這是不可能的事。優點、缺點是相互流通的，不落二邊，中道不二。

般若並不是只靠聽經聞法就能夠成就，必須要仔細地觀照、思惟、看待我們的身體、家庭、事業，一切都是性空，才能有所體驗。我們若能觀照緣起性空，只要隨緣盡分，就會減輕很多身心的壓力。壓力的來源是為求表現，比如「我」是應該如何如何，這個「應該」就出現了實有主宰的意欲，其實沒什麼應該和不應該，因為根本沒有主宰性。

我們能夠做的，就是隨緣盡分而已，不必要求一百分，人生若能達於百分之百的圓滿，那就成佛了。因為我們還在凡夫位上，不需要求自己立刻成為聖賢者。我們不但要接受自己的不圓滿，同時更要接受眾生們的不圓滿，心量才能逐漸變大，活得更自在一些。

「無我」，是性空的，相有與性空融然一體，雖然明明有我相，但這個我相是不斷變化中的我相，乃至生病、老化到死亡的我相，所以終究說「無我」，「我相」是「無我」的。這是我們修般若行很重要的第一步，從表相穿透到其中的因緣，因為因緣具有平等性及自由排列組合的特性，和合出的現象是性空的，是無常的，不執著現象才能夠「泯相證性」，泯滅對外在現象的執著，而驗證內在因緣法的平等性，呈現平等平等相的「諸法實相」。

五、入畢竟空，離一切相

舍利子！是諸法空相：不生不滅，不垢不淨，不增不減。是故空中無色，無受想行識。

舍利子是《心經》的當機者，佛陀以他為代表，對眾弟子們的開示中，每到一個重點都會再度地呼喚名號。「不生不滅、不垢不淨、不增不減」等三句，是描寫空相。空相不是空空如也之相，而是平等平等之相，是聖者的境界。修行是要從凡夫的「相有」——有差別相，進入聖者的「相空」——無差別相，驗證因緣平等平等性的諸法實相。以是故透過「性空」，觀「相有」而達於「相空」，也就是「泯相證性觀」，由性空證得相空。

所以說相空中無色相，無受、想、行、識相，並非色受想行識相的消失，而是色受想行識相的平等無差別相，這是諸法實相，亦是聖者的境界。如同《金剛經》所說的「無我相、無人相、無眾生相、無壽者相」，這是聖者的境界，無差別的平等相。

（一）泯相證性觀

世間的一切法沒有不是相對的，只要是相對的，都是緣起幻相，佛法以否定的方式顯示超越相對的空性，也就是諸法空相。《心經》舉「不生不滅、不垢不淨、不增不減」的六不三對，顯示空性所驗證的空相，世間的生滅是自體的存在與否，垢淨是就性質來說，增減是就數量來說，世間的一切事物，不外是體性的有無，性質的好壞，數量的多少。

菩薩證入空相，即通達諸法自性空。所謂的空，並非先有後無或者是本無今有，所以說不生不滅；空性離煩惱而顯現，所以在俗不染，離俗也非淨；空不因證而得，也不因不證而失，所以也無增無減，這就是究竟真理，也是畢竟空，法爾如此，真理法則就是這樣的。悟入畢竟空性，離一切相，所以《心經》說：「是故空中無色，無受想行識。」這些都是由凡夫證入聖者的諸法空相。

諸法實相乃諸法空相是平等平等之相，但是凡夫看到的卻是不平等的相，難怪佛陀說凡夫眾生都起顛倒相，為什麼我們會認為不平等？因為每個人各有所執，所以「有生有滅、有垢有淨、有增有減」，這是凡夫所熟悉的現象，也是「有二」的顛倒相，凡夫肉眼所見都是對立二相，才會躁動不安，輪迴生死不已。聖者依世俗的「顛倒有二」，放下自性妄執而達於「中道不二」的諸法實相。「空性」雖然不是語言文字所能描述，但是在初步學習上，不能沒有文字般若的熏習，只是不被文字語言所局限，必須脫離語言文字的思惟，進入觀照般若。也就逐漸脫落文字語言上的執著與依賴。

我們不要被語言文字局限，就好像我們還在平地，尚未親自驗證高山上的景色，只能透過文字語言的形容，知道高山上的景象；如同凡夫還沒證得聖者的境界一樣，必須藉由文字般若，幫助我們正確理解修行的道路，就像知道了上山的方向，只要沿著山路向上爬，終有一天能夠登頂，就能確認山上和平地的景象不同，聖者與凡夫的的差別。

我們尚未證得空性佛理時，很難理解佛陀所說的意趣。如同有人生來就盲，從來沒有看過白色，不知道白色是什麼模樣，別人為了讓他理解，就告訴他說白色就像白鶴的白，盲人摸了白鶴後，以為白色是會動的。那個人告訴他，白色不是動的，是如同白雪的白，盲人摸了白雪，又以為白色是冷的，冷的就是白色。這樣的想像和現實就有很大的差距，也就是說我們在山下，對於山上也不需要有太多的想像，但是必須引經據典，是讓我們正確地認清楚上山的道路，只要肯努力精進，自然就能驗證山上的狀況了。

修行一定要知方法與途徑，才知道從何修起。如同到了一個陌生的地方去旅行，只要手上有地圖，就不至於迷路，現在更方便，只要手機有導航就能搜尋地圖，讓我們順利到達目的地。學佛也是如此，為什麼上課我經常畫圖解說，為的也只是幫助大家理解修行方法與道路，所以對於還沒有到達的事，我們不一定非得深入追究，有些東西沒有經驗時，真的很難理解，所以說「理要先通達，事可以慢慢修」。

（二）畢竟空和究竟空的差別

在凡夫位上的修行，從發心菩提後，就著重在伏心菩提，折伏自性妄執，所謂伏心是要我們「應無所住而生其心」，透過般若放下自性妄執，才不會有所執著，所以說「般若將入畢竟空，絕諸戲論」，這是非常重要的一句話。透過累劫的伏心菩提，諸法空相才能現前。諸法實相非語言所能表達，是言語道斷、絕諸戲論的。雖然般若將入畢竟空，但是畢竟空並非目標。「方便將出畢竟空，嚴土熟生」，才是聖賢菩薩體證到的諸法實相，更周遍地實踐莊嚴佛土、成熟眾生的大願，圓滿成佛是「究竟空」，也是「究竟菩提位」。

畢竟空和究竟空的差別，究竟在哪裡呢？兩者同樣是性空，質是一樣的，但是量上不同。從般若證得的畢竟空，是聲聞行者在超凡入聖之後體證的空，可以提供自我解脫的質量；但菩薩所體證的空，一直要到成佛的圓滿，那是究竟的、盡虛空界的究竟空，因為菩薩不只自己可以解脫，還可以幫忙眾生解脫。所以說：「羅漢所體會的空，如毛孔的空；菩薩所體會的空，如虛空的空。」

這裡也可比喻說：同樣來自太陽光，初果聖者所體會的空，就像一道曙光的光；佛陀所驗證到的空，就像太陽光普照大地，量是無量無邊周遍一切的，過程中的菩薩道就是將太陽光明的本質，做量上的擴大，所以說：「無為法因聖賢而有差

畢竟空和究竟空

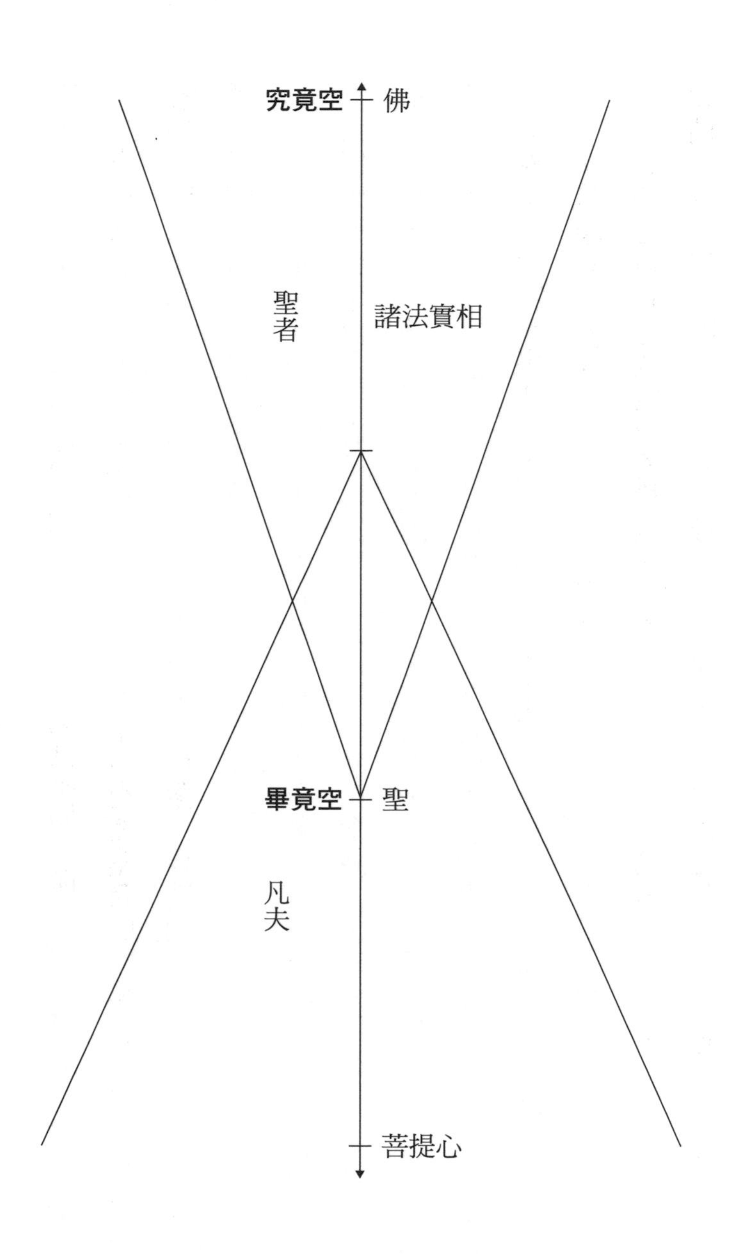

別。」無為法的本質是相同，因為聖賢者的高度不同，所驗證的量就有大小差別。

空在佛法中是既核心又難解的問題，如果沒有相當時間的熏習，是很不容易理解的，因為是講因緣的法性空慧，而不是生活現象。要從相有差別而深入到法性空慧，空的本質是涅槃的平等性，因為平等而達於寂靜。

有個故事說，有兩位愛抽菸的癮君子相約去禪修，因為禪修期間不能抽菸，雙方都感到渾身不自在。忍了幾天後，其中一位在小參時，請教禪師說：「禪修時能不能抽菸啊？」禪師很生氣地說：「禪修怎麼能吸菸，當然不可以！」旁邊那位同伴進去小參時，換了方式請問禪師：「抽菸時能不能禪修？」禪師笑了說：「當然可以啊！」同樣的事件，不同的問法得到了不同的答案，這是逆向思考的例子。

般若因為「性空」，一切法都可變可化，都無有定法，最具有轉化思考的能力。我們習慣肯定式的思考模式，不習慣否定式的，透過否定式的逆向思考模式，我們可以跳出局限。如同教育孩子，如果要求他只能做什麼，其他都不能做，會抹殺孩子的創作空間。父母或許可以改變作法，告訴孩子什麼是不可以做的，除此之外，其他都可以做，用這種否定式的方式教導，孩子的成長空間是不是大很多呢？

佛陀常常告訴在家弟子們要守不殺生、不偷盜、不邪淫、不妄語、不飲酒這五條戒，這是生為人道的最基本條件，除此之外，其實所有的戒條，都涵蓋在「諸惡莫作，眾善奉行，自淨其意」的精神上。

由於一切法都是性空的，所以才能夠千變萬化，瞬息萬變。「空」本身含有否定的符號，從否定的方式中，超越相對二邊的對立，顯示平等平等的空性，所以說「破二而不著一」。破二是破除二邊的差別相，顯示二邊的平等平等相，因此不落二邊，而且不會著於任何一邊，故稱為中道，也就是透過性空來泯相證性，證實空性，這就是證真，驗證真理的現象。

六、觀十二處、十八界空

無眼耳鼻舌身意，無色聲香味觸法。無眼界乃至無意識界。

「廣觀蘊空」在照見五蘊皆空後，接著「略觀處界等空」。蘊、處、界都是宇宙萬法分類的方法。分蘊、處、界三科說明，主要是眾生的根性不一樣，從不同的面相來解說，讓我們更了解有情身心狀況。

從唯識學的五位百法中，可以很清楚十二處與十八界都是宇宙的百法具足，五蘊因為是有情眾生的有為法，故於百法中僅少了無為六法，共九十四法，也近乎百法，故而從根本佛教的四部《阿含經》，部派佛教的《阿毘達磨》論典，乃至初期大乘佛教的般若系的經典論典、後期大乘佛教的唯識系經典論典，蘊、處、界一直被提出來討論的，透過佛教重要的組織架構也可以一目了然。

(一)觀十二處

十二處，包括了六根與六境，六根即眼根、耳根、鼻根、舌根、身根、意根。六境即色境、聲境、香境、味境、觸境、法境。六根為能取，六境為所取，也就是依眼根緣色境、耳根緣聲境、鼻根緣香境、舌根緣味境、身根緣觸境、意根緣法境，依能取的根緣所取的境，生起認識的作用，也就是六識。

處義，依《大乘廣五蘊論》所說：「諸識生長門是處義。」我們認識這個世界是依根緣境生識來看，五根與五境同為前五識的生長門，眼、耳、鼻、舌、身五根轉為：眼處、耳處、鼻處、舌處、身處，色、聲、香、味、觸五境轉為：色處、聲處、香處、味處、觸處，總共十處。意處，則是前六識與意根的生長門，而意根是第七、八兩識，因此意處共八識，等同五蘊中的識蘊，共八識、八法。

法處，是諸法的生長門，也是第六識相對應的法境，包含的範圍最大，也就是受、想、行蘊等於五十一個心所，加上二十四個不相應法，再加上「法處所攝色」一法，以及六個無為法，總共八十二法。第六識所相對應的法境即為法處，法處範圍最大，因此我們修行的下手處，很明顯地仍然是第六識。五根、五境合為十處、十法，意處即是八識、八法，法處為一處共八十二法，所以十二處總共為百法。

（二）觀十八界

所謂十八界，依六根緣六境生六識的順序來說，就是眼界、色界、眼識界；耳界、聲界、耳識界；鼻界、香界、鼻識界；舌界、味界、舌識界；身界、觸界、身識界；意界、法界、意識界。五根等諸界及五境等諸界，等同十處，轉為十界，眼

六根、六境、六識

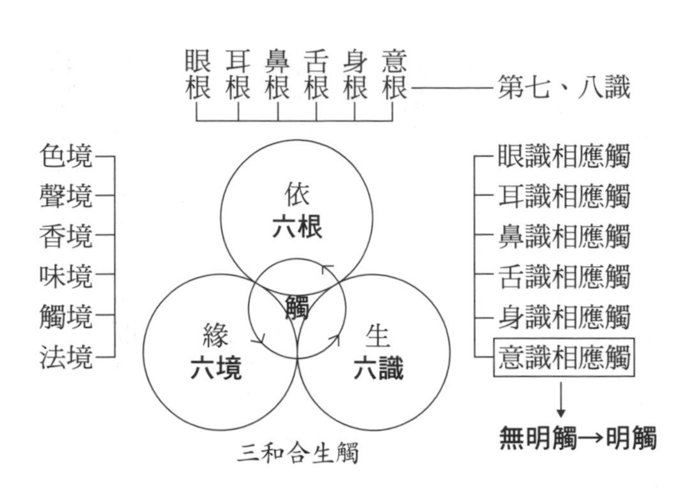

識、耳識、鼻識、舌識、身識與意識六識即為六識界，而意根則為第七、八兩識，意根轉為意界，六識界加上意界合稱為七心界，共八法；加上法界的八十二法，十八界與十二處等同，皆是百法。

法界如同十二處中的法處，也就是受、想、行蘊等於五十一個心所加上二十四個不相應法，加上「法界所攝色」，並包含六個無為法，所以總共八十二法，這是第六識所相對應的法境即為法界，法界範圍最大，因此我們修行的下手處，很明顯地仍然是第六識。

(三) 無字的法性空慧

「眼耳鼻舌身意」和「色聲香味觸法」，

合為十二處，都是講現象，這是從唯識學的角度。然而，《心經》為什麼要說「無眼耳鼻舌身意」、「無色聲香味觸法」？「無」是什麼意思呢？無，即是性空的意思，十二處即為宇宙中的一切法（即百法），雖有十二處的相有，但相有的當下依然是性空的，故以「無」代表性空之義。「眼界乃至意識界」，包含眼界直到最後的意識界，共十八界，但十八界相有的當下依然是性空的，故以「無」代表性空之義，所以《心經》說：「無眼界乃至無意識界。」玄奘大師的翻譯，此處用「乃至」，從眼根開始的六根、六境加上六識的十八界，每個都要加一個界字：眼界乃至意識界，十八界就全部都講完了，再加個「無」字，就表明十八界都是性空的，真是高明啊！

舉例來說，我們小時候的視力和現在是不一樣的，小時候是視力佳，年紀大了則成老花眼，眼根的視力不斷地減弱。不只眼根如此，耳根的聽力也是這樣，所以小時候耳聰目明，年紀大了則是耳不聰，目也不明，為什麼會產生這樣的變化？就因為性空的緣故，所以我們無法一直保持年輕力壯的敏銳程度。眼、耳、鼻、舌、身根都在不停變化，所以我們感受的色、聲、香、味、觸境也隨之變化，這是相對出來的變化，所以說「無」色、聲、香、味、觸境。「無」字是講性空，看到否定的符號：不、無、空、非等，都是屬於否定的符號，講的是因緣法，而不是生活上的種種現象。

七、觀十二因緣空

無無明，亦無無明盡；乃至無老死，亦無老死盡。

（一）從十二因緣看生死流轉

十二因緣法，所談的就是我們生死輪迴的現象。十二因緣包括：無明、行、識、名色、六入、觸、受、愛、取、有、生、老死。我們可以從其中明白自己為何會不斷地生生死死，無有盡期地一再輪迴。

我們這一輩子生命的流轉，是從何開始的呢？是承接過去無始劫的「無明」（惑）與「行」（業），緣生出今生業報身的苦果，為何說苦？就因為無常故苦，

十二因緣的流轉門

此有故彼有，此生故彼生

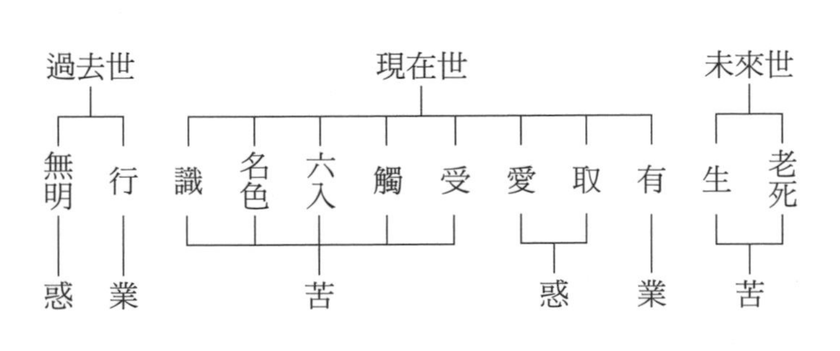

為何無常？因為今世緣生根身，終究必然要面對緣滅的死亡，因為緣生緣滅而感受到無常故苦。今世的正報身，從前世的第七、八兩識的「識」投胎轉世開始的，於是結合父精母血，成為具有生命力的物質，名為「名色」，成長為未來的身心，名成長為心，色成長為身。過程中，這個有生命力的物質體，逐漸形成身軀與頭及四肢手腳，然後更精緻地長成眼根、耳根、鼻根、舌根與身根及意根，也就是「六入」，等待根身成熟而出胎。於是六根、六境與六識三者和合而生「觸」。「觸」是我們認識世界的開始，通常我們把呱呱落地的那天當作來到這世間的生日。如果更精確地看待生命的開始，應該是「識」去投胎的那一剎那，生日應該推到九、十個月之前受孕的日子。

「觸」之後就是「受」，這是我們重要的修行關鍵，是來自第七識自我意識很強烈的習性，第七識不但承接著過去，也同時開啟了現在，乃至於影響著未來。「受」簡單說，感覺遲鈍和敏銳是非常主觀的，常常用神經線大條或小條來形容。人生態度比較豁達的人，神經線可能比較大條；感情比較纖細的人，神經線往往比較小條，稍微有一點風吹草動就覺得受不了，這和過去的宿世習性有關係。人往往在「受」之後，立刻起心動念，喜歡的樂受，就生起貪，不喜歡的苦受，就生起瞋心，如此一來容易迷失修行方向，所以「受」是修行的一大關鍵，它的可意與不可意是非常主觀的。

我曾聽惠敏法師說過：「Just a feeling, not my feeling.」這句話很有意思，我們要告訴自己，這只是一種感受，不要強烈地當作是我自己的感受。如果我們只能主觀地感受，就會影響後面「愛、取」的生命連鎖反應。

總之，今生由「識」來投胎，形成「名色」、「六入」、「觸」、「受」，這都是過去世的惑（無明）、業（行），形成今生的苦果。今生又因「愛」、「取」的迷惑，繼續造業的「有」，連結到未來「生」與「老死」的苦果。這就是三世兩重的因果：過去世、現在世、未來世中的兩重惑、業、苦，組織成我們生生不已的

由觸下手達中道不二的捨受

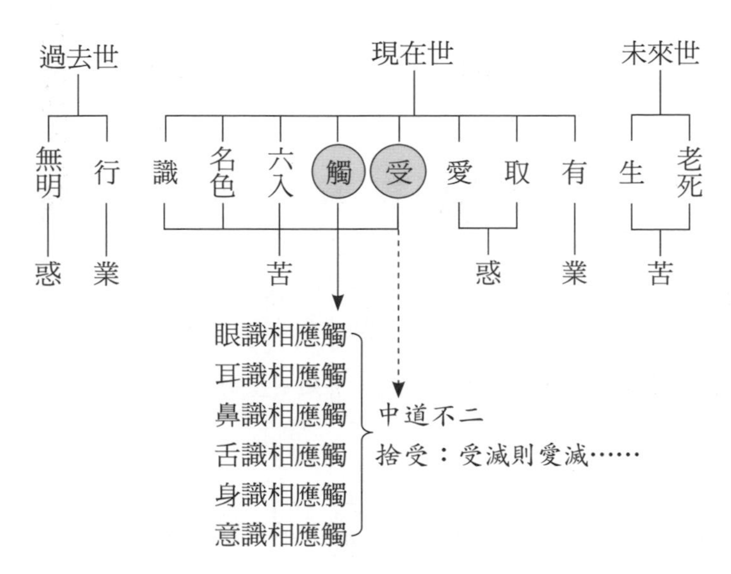

生死輪迴，也就是十二因緣的流轉門，亦如環之無端。

（二）流轉與還滅的抉擇

無明的自性妄執貫串起十二因緣的流轉，一個因緣連結另一個因緣，彼此相互影響，沒有一個因緣是單獨存在。如同十二顆念珠被鬆緊帶連結成一串手環。形成「無明緣行，行緣識，識緣名色，名色緣六入，六入緣觸，觸緣受，受緣愛，愛緣取，取緣有，有緣生，生緣老死」的流轉門。

怎樣才能截斷生死流呢？如同一刀剪下，整串念珠就散落一地。

十二因緣的還滅門

此無故彼無，此滅故彼滅

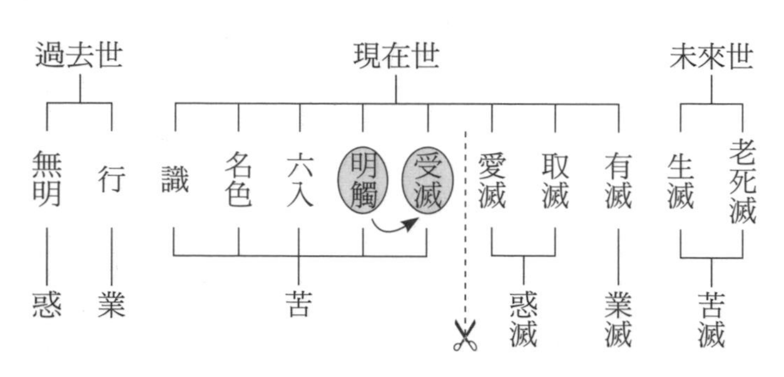

受滅則愛滅，愛滅則取滅，取滅則有滅，有滅則生老死滅

也就是無明盡則行盡，行盡則識盡，識盡則名色盡，名色盡則六入盡，六入盡則觸盡，觸盡則受盡，受盡則愛盡，愛盡則取盡，取盡則有盡，有盡則生盡，生盡則老死盡，也就是無邊的生死盡，這是十二因緣「此無故彼無，此滅故彼滅」的還滅門。

這十二因緣還滅門的關鍵，很不容易懂。我們因為根、境、識三者的和合「相應觸」，而認識這個世界；依著六根，緣於六境，而生起六識的和合相應觸，稱為「眼識相應觸」、「耳識相應觸」、「鼻識相應觸」、「舌識相應觸」、「身識相應觸」及「意識相應觸」。例如聽經聞法，要善用日常生活的「眼識相應觸」、「耳識相應觸」、「鼻識相應觸」、

由無明觸達於明觸

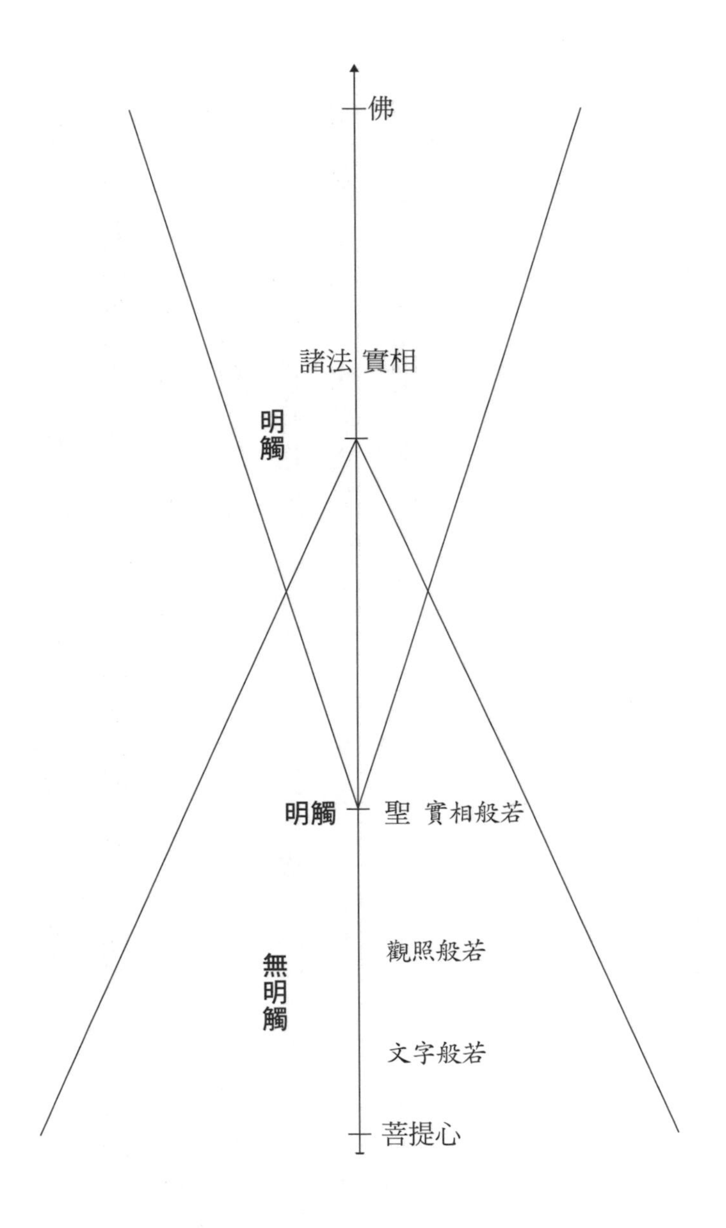

「舌識相應觸」、「身識相應觸」，但懂不懂的關鍵是「意識相應觸」。

「意識相應觸」讓人從凡夫「無明觸」，達於聖者的「明觸」，因為達於「中道不二」，稱為「明觸」。「……名色、六入、觸、受、愛……」，「觸」接著是「受」。凡夫落於顛倒二邊，不是「樂受」就是「苦受」，樂受容易起貪欲，苦受容易起瞋心，兩者都是煩惱心，也都是惡因，結合惡緣成熟時，業障就會現前。「受」要不落二邊，就要深觀因緣法的平等性，達於「不苦不樂」的捨受，也就是受滅；苦與樂的因緣是平等平等的，也就是「中道不二」，真理現象的現前，也就是受滅。

（三）跳脫生死輪迴

佛陀在世的時代，印度外道有極端的苦行者，也有縱欲的樂行者，悉達多太子也苦行了六年之久，終究放棄了。後來在菩提伽耶的菩提樹下，禪修四十九天，於禪定中正觀緣起法，證覺緣起的寂滅，夜睹明星而成道，此乃大聖者的明觸。佛陀成道後說，不是苦行或樂行能夠成就修行，而應該是「不苦不樂」之中道行，受有三種：苦受、樂受、捨受，「不苦不樂」是捨受，捨受就是受滅了，「因為明觸而受滅的」，受滅則愛滅，愛滅則取滅，取滅則有滅，有滅則未來世的生、老死都滅了的還滅門。

從相有到相空的過程

無明
有苦有樂之受

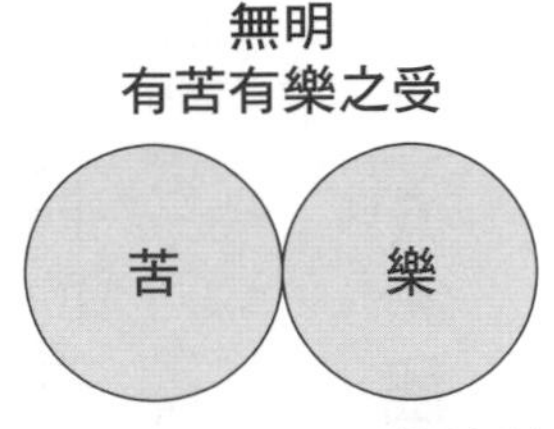

落於苦受易起瞋　　落於樂受易起貪

不落二邊

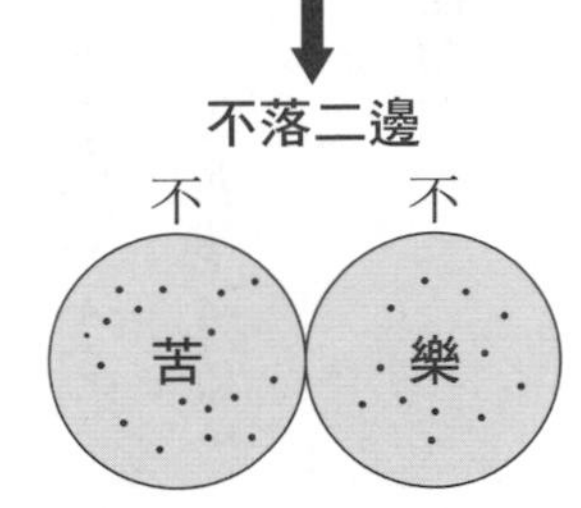

深觀因緣法的空性即平等性

明觸是不落苦受與樂受二邊，即捨受即受滅

性空＝平等性＝平等相＝諸法實相

佛陀的清淨法身

然而，因緣彼此之間有此、有彼，彼此因緣之間還會相互影響，所以不會是不變的，一個個因緣之間，沒有哪一個因緣是實有主宰性。十二因緣，不論流轉門或者還滅門的現象，當下還是性空的，是故以「無」代表性空，故說「無無明，亦無無明盡；乃至無老死，亦無老死盡」。

八、觀四諦空

無苦集滅道。無智亦無得。

「苦集滅道」四聖諦，是佛陀教導聲聞弟子們，了脫生死的重要內容，從世間而出離世間的方法。我們由於執著而不斷地集合因緣，而緣生出果報，果報的緣生後，還得面對果報緣滅的苦果。面對無常之苦，修學戒、定、慧與八正道，讓我們達到聖者的「滅」境，也就是「涅槃」（真理現象現前）的境界。凡夫修行的第一個目標就是朝著「超凡入聖」的方向邁進，因此知苦、斷集、慕滅、修道四聖諦真

苦集滅道

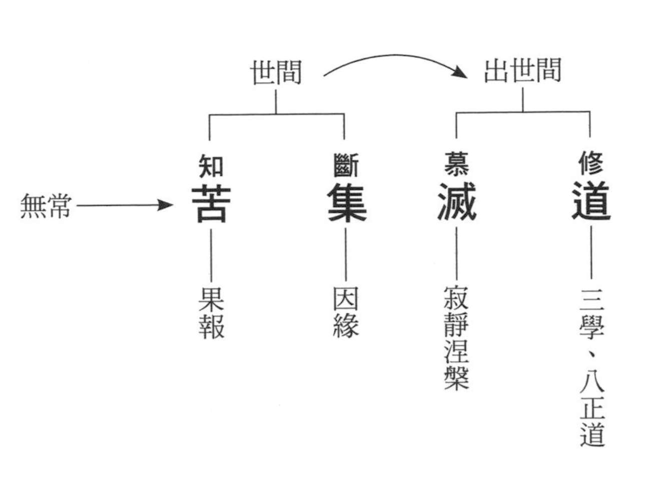

理原則，不但是聲聞法，更是菩薩道（大乘不共法）基礎與修行的德目。

（一）苦集滅道

苦、集、滅、道四聖諦是佛陀所教導的四種真理，諦是真實不虛，引領我們看清楚什麼是苦，並指出離苦得樂之道。

1. 苦聖諦

人生是苦海，有三苦、八苦、無量諸苦，苦的內容可分三大類：苦苦、壞苦、行苦。

⑴苦苦

苦是人生事實，生命本身即苦果。苦的種類又分為八種，簡稱八苦：生、老、病、死、愛別離苦、求不得苦、怨憎會苦、五蘊熾盛苦。

(2)**壞苦**

世間一切現象均是無常的，無法永久不變，所以名為壞。無常即是壞，因而讓人受苦。

(3)**行苦**

世間萬法皆不離因緣生滅，不斷地遷流變化，無法靜止，現前的一刻，其實已在消逝改變中，而讓人感到苦惱。

2.集聖諦

集聖諦是苦的原因，集是集起的意思，說明人生的痛苦來自於貪、瞋、癡三毒的煩惱，造作不善業招集種種痛苦。

3.滅聖諦

滅聖諦是苦的止息，明白集諦的真理，斷除煩惱之業，便可解脫眾苦，達於聖者的諸法實相，也是諸法空相。

4.道聖諦

道聖諦是滅苦的方法，修持八正道：正見、正思惟、正語、正業、正命、正精進、正念、正定，即可滅除眾苦，而獲涅槃解脫之果。

世間確實有無量的苦，佛陀為我們說明苦的原因，滅苦的方法，及苦滅的涅槃寂靜，苦、集、滅、道四聖諦是世間不可變易的真理，如《佛遺教經》所說：「月可令熱，日可令冷，佛說四諦，不可令異。」可見知苦、斷集、慕滅、修道，是每位佛弟子應該要去理解體證的真理。

為何《心經》說「無苦集滅道」呢？「無苦集滅道」，並非否定有苦集滅道的現象，而是說明四聖諦本身就是性空的，也就是無有定法，每位修行者都具有不同的善根因緣、智慧資糧、家庭背景、教育背景等，所以每位修行者對「苦集滅道」四聖諦的體會、經驗乃至於實踐，就各有差異而無有定法，所以說「無苦集滅道」。緣起無自性，菩薩觀四諦空，「無」字表達「性空」之義，般若智慧讓我們看清染淨的因果法則，從而以般若智慧斬斷生死輪迴之苦。

（二）無智亦無得

應該如何理解「無智亦無得」呢？可以從「能所」關係來看，我們有能證的觀智與所證的真理。這兩者是有現象的，從現象稱為「有智亦有得」，但是若從甚深的因緣來看，則是「無智亦無得」，是說明所謂「智」與「得」，是有其現象，但都是性空的，無有定法。

「無智亦無得」是由性空來的，是不二的中道，呈現出來的就是聖者平等相的現前，亦即「不生不滅，不垢不淨，不增不減」聖者涅槃寂靜的境界。我們凡夫有二的執著與顛倒，常在對立的二邊起伏躁動不安，因為般若的空性呈現空相，平等而寂靜，所以消除有二的對立，就能達於「無智亦無得」。

識是與生俱來的心理作用，透過心理作用希望能修出智慧來，因為能修的「智慧」與所修的「心得」的現象是緣生出來的，也會緣滅的，我們的心念不斷地緣生緣滅，所以「智慧」與「心得」因為性空會不斷地變化，也不穩固，所以說「無智亦無得」。

我常常勉勵上課的學員們，懂與不懂也是無有定法，時而聽得懂，時而聽不懂，似懂非懂；懂與不懂對修行都很有幫助，聽得懂的人可以修「慧」，聽不懂的人可以修「定」，也同時持「戒」，這些都是善業。因為上課需要久坐不動，也是需要一些定力；即使聽不懂，但是上課時不至於造作惡業，又是智慧的熏習，所以能發揮持戒的功能。當然，能聽得懂最好，可以開啟智慧之門。

（三）中道不二的生活實踐

「毀譽不動心」不落毀與譽的二邊，在生生不已的生命之流中，我們發心行菩薩道，經常「做到流汗，嫌到流涎」，面對毀謗時，能做的是回到初心，只要是正確的，就堅持做下去，做久了，日久見人心，自有公斷，就不必在乎一時的批評，這樣才能生生世世的行菩薩道。相反地，發心不正確，縱然有人讚歎，也不能迷失於其間；或者為了得到稱讚美譽，明明做錯了也在所不惜，那就大錯特錯了。因此不落順逆、毀譽的中道不二，就是行菩薩道上的定海神針！

我覺得學般若的一大功用是，可以消除很多莫名其妙的執著，就像刪除電腦很多不需要的檔案資料；我們的腦海中也有很多不需要的檔案，如自尋煩惱，無來由地擔憂、種種比較，善用般若，可以直接刪除沒有意義的資料夾，就有可能落實中道不二的生活實踐。

九、無所得

以無所得故。

（一）應無所住而生其心

《心經》的「以無所得故」，與《金剛經》的「應無所住而生其心」，都是膾炙人口的經典名句，也都是透過否定的符號，做逆向式的思考，最後結顯出性空的深義。甚深空義是：無所得，也就是無所住、無所著、無所執，因為「性空」，所以都是「無所求」的。

從凡夫眾生到圓滿成佛的般若道修行過程，印順導師告訴我們，學佛有三要：信願、慈悲、智慧。印順導師在《學佛三要》中提到：「《大般若經》『以一切智智相應作意，大悲為上首，無所得為方便』。」「一切智智相應作意」是信願，「大悲為上首，無所得為方便」是慈悲與智慧。佛陀的智慧稱為一切智智，以一切智智相應作意，我們雖然果位很低，但是志向很高，以佛陀為學習榜樣，以佛陀的智慧，來相應作意而成佛。

以一切智智相應作意，就是非常廣大的信願心，這股力量幫助我們在生生不已生命之流當中，不迷失方向，讓我們能夠穿透生死的束縛，開啟法身慧命的延續。一旦證涅槃的空，就是證得法身，《金剛經》說：「佛告須菩提：『凡所有相，皆是虛妄。若見諸相非相，則見如來。』」就是要現證法性，方是見佛。

例如蓮華色比丘尼，被佛陀譽為比丘尼中神通第一。佛陀去忉利天為母親說法三個月後要回人間時，大眾都爭先恐後想要第一個見到佛陀，蓮華色比丘尼也不例外，便以神通力把自己變成一位國王，成為第一個跑到佛前的人。蓮華色比丘尼很高興地對佛說：「佛陀！我是第一個見到您的人。」想不到佛陀說：「須菩提才是第一個見到我的人，重要的不是見到我的色身，而是見我的法身。」

須菩提長者被佛陀譽為是解空第一的弟子，他非常理解佛陀所說的法，特別是性空的法義，他知道只要用功深觀空義，就等於見到佛陀的法身；體會若見緣起則見法，若見法則見如來。佛陀的法身是盡虛空界的。

慈悲，是以大悲為上首；而智慧，則以無所得為方便。凡夫一向執著於「有所得」，而看重結果，例如考試前不用功、不耕耘，卻起顛倒妄想得高分，結果當然是不如人意。

般若令我們凡事「只問耕耘，不問收穫」，在因地上不斷地耕耘善因善緣，無所得、無所住，不求果，這才是真正的菩薩特質，這才是菩薩的道業。菩薩的道業在經歷三大阿僧祇劫的累積，就是以無所得的心，深入法性的確認，才能不斷地堅持。《心經》歸結在「以無所得故」，先前所說的性空，即是無有定法，不論五蘊、十二處、十八界、十二因緣法、四聖諦，乃至智與得，都在表達緣起無自性，性空的信念即是「無所得」。

（二）菩薩悲智雙運

《心經》「以無所得故」承先啟後，承接前面的修般若行，開啟後面的得般若果。般若行耕耘如是「因緣」，自然獲得如是果報——涅槃果與菩提果。涅槃果屬於三乘共果，是聲聞、緣覺及菩薩所共證的，都需要般若而得解脫；菩薩一樣有證入涅槃的能力，但是菩薩悲智雙運，願意在生死流當中，不求個人的解脫，為幫助眾生而世入，利益眾生。例如大悲觀世音菩薩是菩薩摩訶薩，智慧、慈悲具足。自己可以解脫而不忍心解脫，就像自己有游泳上岸的能力，又願意幫助其他人上岸。

法性空慧的觀空，不是知識的論辯，而是藉以解脫眾多苦難的實踐。菩薩依般若波羅蜜多的緣故，觀一切法空不可得，由此能「心無罣礙」，如同於無間斷的時間長流中，隨時自由自在，游刃有餘，因此「以無所得故，得無所礙」。凡夫，不了解法性空慧，處處執著相有，所以心中的煩惱，波濤洶湧，起伏不安，生命充滿無邊的荊棘，處處生罣礙。菩薩透過性空而觀空，自然能離煩惱罣礙，而感得清淨、清涼。

十、涅槃果

菩提薩埵，依般若波羅蜜多故，心無罣礙。無罣礙故，無有恐怖，遠離顛倒夢想，究竟涅槃。

（一）依般若心無罣礙

菩薩為何「依般若波羅蜜多故」，可以「心無罣礙」呢？因為依著般若的法性空慧，理解正報的人際關係：至親、好友、上司、下屬……，甚至我們最愛的自己，都是無常、無我、不可得的；依報方面的田園、宅舍、山川等，更是無常、苦、空，也是不可得的。般若讓我們波羅蜜多，度脫一切苦厄，從有罣礙的此岸到無罣礙的彼岸；由顛倒夢想的此岸，到達無顛倒夢想的彼岸；由痛苦的此岸到達無痛苦的彼岸，甚至於從生死輪迴的此岸到達涅槃寂靜的彼岸，這些都是依著般若而波羅蜜多，度一切苦厄而達於心無罣礙。

我們的罣礙來於自性妄執，有執著就會有罣礙、有憂心、有煩惱，這些都會讓人容易生起惡念，不但無助於問題的解決，反而製造更多困擾麻煩。例如有緣成為一家人，往往對於家人很在意、很執著，先生因為工作忙碌加班，太太卻懷疑先生不回家的理由；或是孩子晚歸，媽媽就擔心孩子是不是發生意外了。對於以上的狀況，我們都不應該往負面思考，產生憂悲苦惱，而是應該提起善念，透過念佛或誦持經典，轉成正面的善因善緣；萬一發生事情，也因為善因善緣而消災解厄。若是擔憂，只會不斷地起煩惱，不但家人和自己都不安心，惡因惡緣也許真的招來業障，那就不划算了。

既然學習了般若，我們應該練習放下莫名的妄想罣礙。性空，道盡了一切法的不可得，執著與罣礙都是沒有意義的。無有罣礙，自然無有恐怖，恐怖是由我們的無明、愚癡心所生，心一旦有罣礙，就會引生我執與法執而患得患失。

（二）遠離顛倒夢想

顛倒，就是一切不合理、不如法的思想與行為，根本在於我執與法執，因此內心起：無常計常、非樂計樂、無我計我、不淨計淨的想法，凡夫不斷地在生活層面的對立二邊，處處是有二的顛倒。

凡夫由於「有我」而具有種種怖畏，凡夫菩薩依著法性空慧，體悟性空真理，加上生命的實踐，達於「無我」的聖者境界，由於「無我」而捨種種怖畏，自然沒有罣礙，「無罣礙故，無有恐怖」，恐怖來自於我們的罣礙。如果沒有罣礙，自然就不會有恐怖；沒有恐怖，就能夠遠離顛倒夢想，而達於究竟涅槃。

聖者未達到阿羅漢究竟涅槃之前，先證得個人的涅槃境界，也就是初果聖者，提供他個人生死解脫的本質，經過初果、二果、三果而達四果的過程，厭離生死，欣入涅槃，拔除了苦厄的根本——自性妄執，一切生死動亂紛擾至此全無，達於了生脫死的「涅槃果」。

（三）三乘同證涅槃果

聲聞、緣覺以出離生死、欣入涅槃為目標，但是離生死、入涅槃，出入皆是「相有」。菩薩則不然，不厭生死，不著涅槃，行六度萬行，幫助眾生證入涅槃，解脫生死，來去皆是「性空」。因此菩薩忍而不證，因為一旦證果，就脫離生死，脫離生死也就脫離眾生，脫離眾生也就不能稱為菩薩。菩薩重視性空，在「生死與涅槃」二邊，透過性空而行中道，不落二邊，也就是「生死即涅槃」的平等相中，長久在生死流中利益眾生，拔濟眾生。菩薩幫助脫落眾生罣礙、恐怖，此源於自性妄執而起的顛倒夢想。我們能依般若「緣起性空」來修行，解一切法空、不可得，待人處事也因此減少許多紛爭與痛苦，愈來愈自在，也有助於解脫生死。

聖位的聲聞初果與菩薩初地，證得的涅槃，也就是聖者脫離凡夫生死輪迴，由於餘習未盡，還要七來生死；再經過二果的一來生死；三果的不來生死；最後到達四果阿羅漢證得「生死已盡，梵行已立，所作已辦，不受後有」的無生。然而七地菩薩的圓滿，第七識的雜染完全「轉染成淨」，達於「無生法忍」，這是共三乘的「涅槃果」。

涅槃果能解決的是個人的「分段生死身」，也就是父母生身的生死輪迴，主要是智慧的解脫，並以禪定將第七識的雜染伏住，不再起作用，就不受後有，而了脫生死。

十一、菩提果

三世諸佛，依般若波羅蜜多故，得阿耨多羅三藐三菩提。

成佛的修行地圖

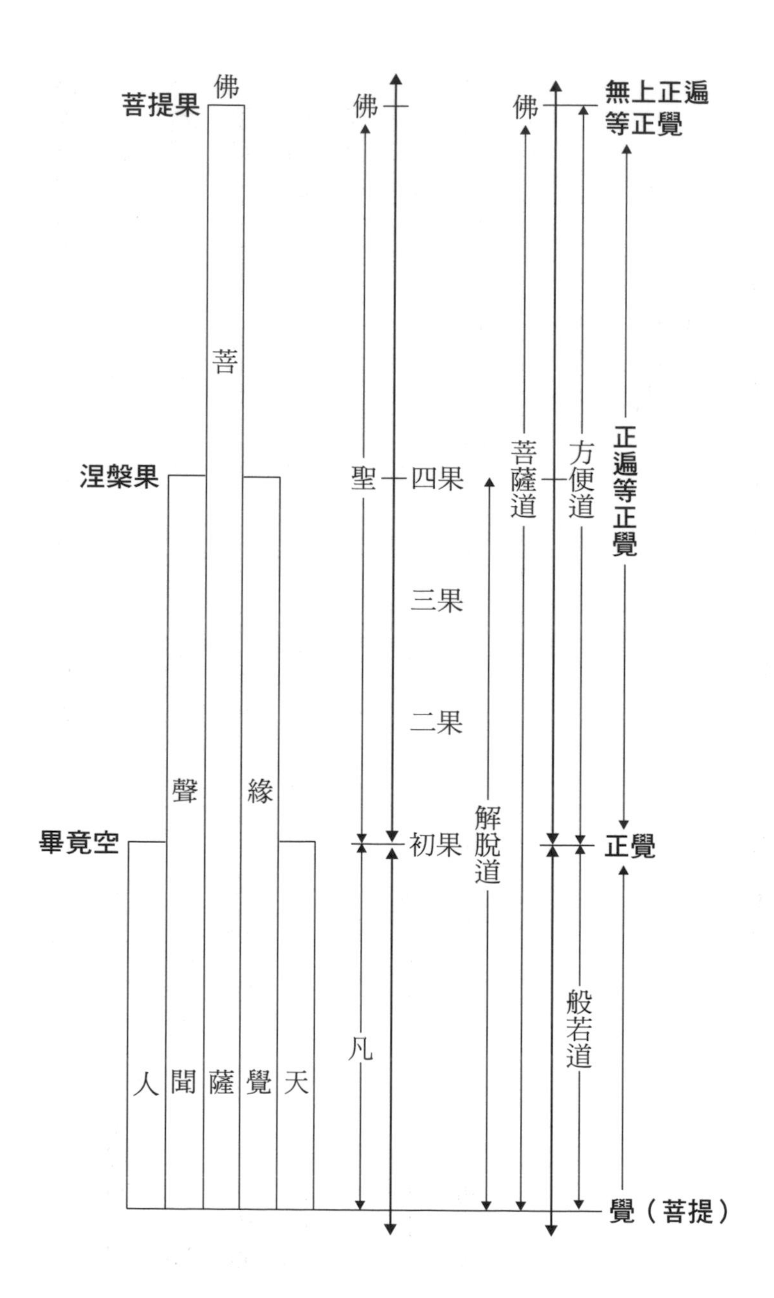
菩提果
涅槃果
畢竟空
佛
菩
聲
緣
人
聞
薩
覺
天
佛
聖
凡
四果
三果
二果
初果
解脫道
佛
菩薩道
方便道
般若道
無上正遍等正覺
正遍等正覺
正覺
覺（菩提）

（一）與三世諸佛同行般若

所有過去世、現在世及未來世成佛的三世諸佛，都是依般若而成佛的。所謂成佛，都是從凡夫發菩提心開始，過程中行菩薩道的六度萬行，般若為導，一直到佛果的完成。凡夫菩薩發心了悟因緣而開始，經過一大阿僧祇劫的福慧雙修，達於聖賢菩薩登初地，達於三菩提即是「正覺」；再經過初地到十地菩薩道，二大阿僧祇劫的悲智雙運，將正覺周遍給廣大眾生，三藐三菩提即「正遍等正覺」；直到圓滿成佛的阿耨多羅三藐三菩提果即是「無上正遍等正覺」，這是大乘佛教菩提果的完成。

（二）菩薩依般若波羅蜜多而成佛

菩薩發菩提心是大乘佛教的法種，接著行般若道，達到「般若將入畢竟空，絕諸戲論」聖者涅槃的境界。這是聲聞、緣覺也可證得的，但不能周遍；菩薩雖然能周遍，然而不夠圓滿，所以不能說是無上的佛果，只能說是涅槃果。聖賢菩薩要做的是「方便將出畢竟空，嚴土熟生」的方便道，世出世入而無礙，直到圓滿成佛的「究竟位」，阿耨多羅三藐三菩提果，也就是「無上正遍等正覺」，唯佛所證，如十五的月亮，圓滿無缺。

從發菩提心到阿耨多羅三藐三菩提

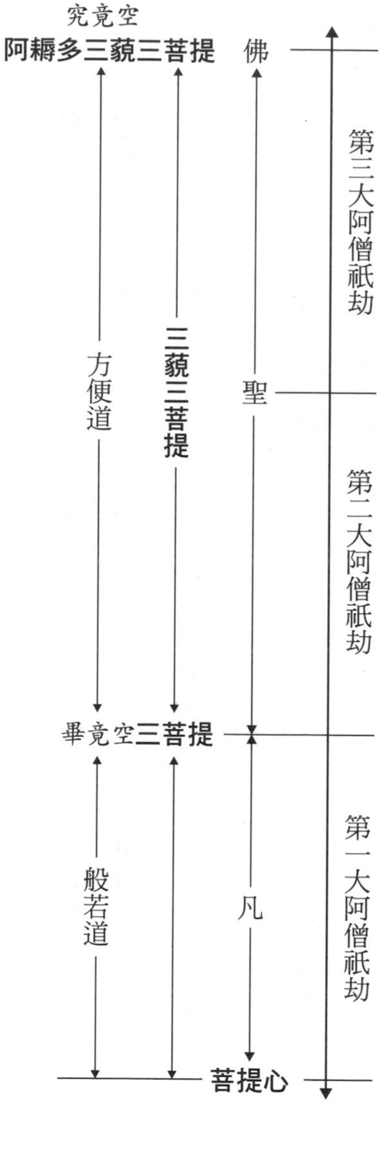

(三)成佛的菩提果

從此岸到彼岸的完成就是波羅蜜多，般若幫助我們放下自性妄執向上提昇，直到成佛。因此說三世諸佛，依般若波羅蜜多故，得阿耨多羅三藐三菩提。阿耨多羅三藐三菩提果，稱為如來的不共果，乃大乘不共法，唯有菩薩道能達到成佛。

涅槃果和菩提果的質是一樣的，但有量上的不同，菩薩經過涅槃果後，量上不斷地擴充，一直到盡虛空界，才能圓滿菩提果，菩提果是大乘不共小乘的果報，唯有透過菩薩道成佛，不僅解決父母生身，還解決了變易生死身，這並非小乘者所能達到的成就，故菩提果稱為「大乘不共果」。

十二、密說般若

故知般若波羅蜜多，是大神咒，是大明咒，是無上咒，是無等等咒，能除一切苦，真實不虛。故說般若波羅蜜多咒，即說咒曰：揭諦揭諦，波羅揭諦，波羅僧揭諦，菩提薩婆訶。

《心經》前面的種種義理解說，都是正為利根眾生開示正常道，而最後的咒語則是為鈍根眾生巧說般若。但是愚癡的眾生無法理解般若智慧，不容易信受，反而毀謗經典，眾生習慣相有，不懂性空，因此般若法門不易弘傳。佛法為了適應眾生，以神祕咒語比喻般若的功德力，甚至最後乾脆把般若當作咒語誦持，也會產生無法預期的力量。後來大乘經典之所以會加入咒語，都是為了普遍利益更多眾生。

（一）般若力量不可思議

《心經》以咒語的力量，稱歎般若德：「故知般若波羅蜜多，是大神咒，是大明咒，是無上咒，是無等等咒，能除一切苦，真實不虛。」

有情眾生往往在生命的困頓之際，想要消災解厄，增福延壽，解決人力不足之處，而求助於宗教，覺得宗教一定有超乎人類的力量，尤其咒語好像有不可思議的強大力量，充滿神祕效力。因而經常有人會訴諸於神力，於是咒語和神力結合，引譬喻來讚歎般若波羅蜜多就如同大神咒，讚歎般若具有極大的力量；是大明咒，讚歎般若能破除一切黑暗愚癡；是無上咒，讚歎般若是一切法門之最上法，沒有能超越的；是無等等咒，讚歎般若是如無齊等無為的涅槃法，不是一切可及的，故名為無等等咒。我們可依般若離生死之苦，得涅槃之樂，具有這麼大的力量，能遣除一切苦厄，得究竟樂，確實是真實不虛。

（二）人人都可到彼岸

《心經》的「般若波羅蜜多咒」，咒文的「揭諦揭諦」，意思是：「去吧！去吧！」「波羅揭諦」則是：「到彼岸去吧！」至於「波羅僧揭諦」的「僧」字則是「大眾」之意，也就是：「大家都去吧！」菩提薩婆訶的菩提是「覺悟」，薩婆訶是「疾速成就圓滿」之義，這段類似咒語的急急如律令，告訴我們：「去吧！去吧！到彼岸去吧！大家都到彼岸去吧！願圓滿正覺疾速成就！」

善巧方便，是一種鼓勵策發，即使讀不懂經文，至少可以一心持誦密咒集中精神，而達心於一境的定境，引發智慧。其實鈍根也是性空，不會是永遠的鈍根，只要透過努力，勤學般若波羅蜜多，有朝一日也會變成利根，因為利根者也是宿世從鈍根慢慢地熏修成利根的。

《心經》最後透過這段咒語來勉勵大家，般若的轉化力量不可思議，能度一切苦厄。看得懂經文，直接透過經文開啟智慧，仍然不懂經文，也可以藉由持誦經文修善、修定，得到咒語神祕的力量加持，圓滿完成我們所求的菩提願與菩提果。

〈第三篇〉

人間菩薩的願心

一、三大阿僧祇劫的修行歷程

三十多年的講課過程中，經常有人問我：「人生苦短，修行有沒有捷徑，一定要經過三大阿僧祇劫那麼長的時間嗎？」我也曾經思考過這個問題，尤其是遇到挫折考驗時，難免會有懷疑，但每每從般若與唯識系的法海中，都能讓我找到安身立命的泉源。般若緣起性空看人生，讓我可以比較隨緣自在，不會執著很多事；而唯識貫穿生命流轉的現象，讓我願意一步一腳印地落實在當下，行走至此，我不再空想一步登天或現生成佛，反而是善用生生不已的生命之流，發願努力累積菩提資糧。

從凡夫到成佛的過程，透過因緣果報業力的體證，需要歷經三大阿僧祇劫的修行，唯識系的修行五位與般若系的二道五菩提，各有非常清楚的定位，並且二者亦能互做比對。

（一）唯識系的修行五位

我們凡夫的修行起點從發菩提心開始，進入第一大阿僧祇劫的修行後，主要是「資糧位」的修福報，需要甚深信仰、安住身心、身體力行、普皆迴向；然後從「加行位」，逐漸降伏分別的我執與法執，向上修智慧，直到證悟真理現象，達於超凡入聖的「見道位」，即是第一大阿僧祇劫的圓滿。依據「見道位」所驗證的涅槃本質，再經過悲智雙運，做量上的擴充，這個歷程要經過二大阿僧祇劫的「修道位」，最後直到清除所有雜染因緣，盡虛空界的清淨，才能達於圓滿成佛的「究竟位」。

1. **資糧位**

這是凡夫菩薩的準備階段，於此位中修十住、十行、十迴向三賢位，以儲備修行的福報資糧。

2. **加行位**

努力修持智慧，隨順聖者的境界，生起抉擇的智慧，經煖、頂、忍、世第一法，四善根，轉迷啟悟，為入於見道位前的方便加行。

3. **見道位**

通達無我、無我所二空之理，驗證涅槃的真理現象，達於聖賢菩薩位，亦即唯

唯識系修行五位

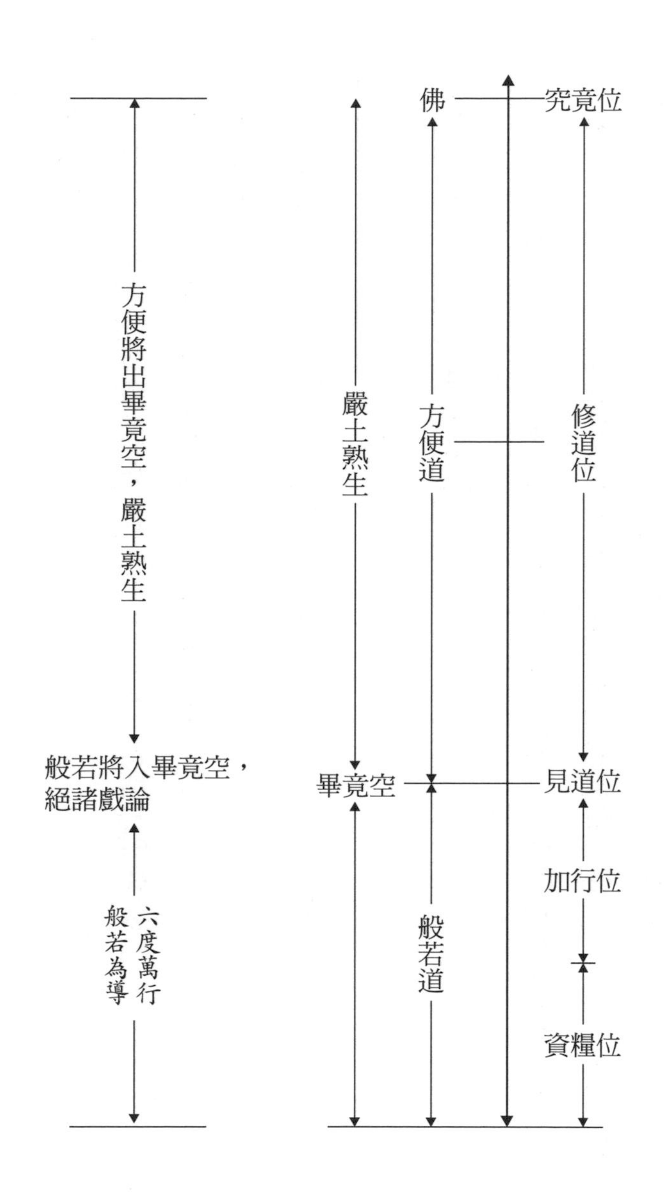
佛
究竟位
修道位
方便道
嚴土熟生
方便將出畢竟空，嚴土熟生
般若將入畢竟空，
絕諸戲論
畢竟空
見道位
加行位
般若道
六度萬行
般若為導
資糧位

識實性的現前。

4.修道位

聖賢菩薩登初地到十地的圓滿佛果之前，初地起斷除分別的顛倒知見，但俱生的微細煩惱尚未斷除，修習轉染成淨，斷除微細障礙。

5.究竟位

菩薩摩訶薩圓滿成佛，圓證諸漏永盡、清淨圓明的佛果，含藏廣大無邊的究竟功德。

（二）般若系的二道五菩提

對初發心的修行者來說，《心經》除了廣結善緣修福報以外，就是「融相即性觀」修智慧，是實踐空性的過程，重在離一切相的平等法性，也即是達於「泯相證性觀」的「見道位」，然後透過依循清淨的「道」，擴大到盡虛空遍法界而圓滿成佛。

《金剛經》指出成佛的修行歷程為「二道五菩提」，依據「般若將入畢竟空，絕諸戲論；方便將出畢竟空，嚴土熟生」，分為般若道與方便道「二道」；「五菩提」是指：發心菩提、伏心菩提、明心菩提、出到菩提、究竟菩提。五菩提心的「發心菩提」是發心學佛乃至成佛的大願，是踏上「成佛之道」的起點，圓滿成佛達於「究竟菩提」，這是菩薩道的圓滿終點。

1.二道

般若道和方便道是修持般若的兩大階段。《大智度論》認為從發心到七地是般若道，八地以上是方便道。

⑴般若道

般若道是從發心菩提經伏心菩提，直至明心菩提的完成。

般若道源自於「發心菩提」，是讓我們踏上成佛之道的原動力，再經過「伏心菩提」的過程，應無所住而生其心，修空無我慧，入見道位，證聖果，此階段重在「融相即性觀」，所以名為般若道。

⑵方便道

方便道是從明心菩提經出到菩提，直至究竟菩提的完成。

方便道是成熟的「老般若」，權巧方便度眾生，所以名為方便道。此階段是在「泯相證性觀」證得「諸法實相」後的「修道位」，也就是「嚴土熟生」，莊嚴佛土，成熟眾生，直到圓滿成佛。

2. 五菩提

菩薩發菩提心後，必須經歷五個階段，始得無上菩提，稱為五菩提。

(1) 發心菩提

學佛一開始要發菩提心，也就是發成佛的大願心，此即發心菩提。般若道的修持起點在發心菩提，讓我們踏上成佛之道。

(2) 伏心菩提

發心菩提之後，透過文字般若「性空」的觀照，降伏我們自以為是的心。所謂的「伏心」，是從「有我」而達於「無我」，從「有所求」的心達於「無所住」而生其心。

(3) 明心菩提

「明心菩提」就唯識系而言，是指登初地的菩薩聖者境界，是見道位真理現象

般若系明心菩提的位不退和行不退

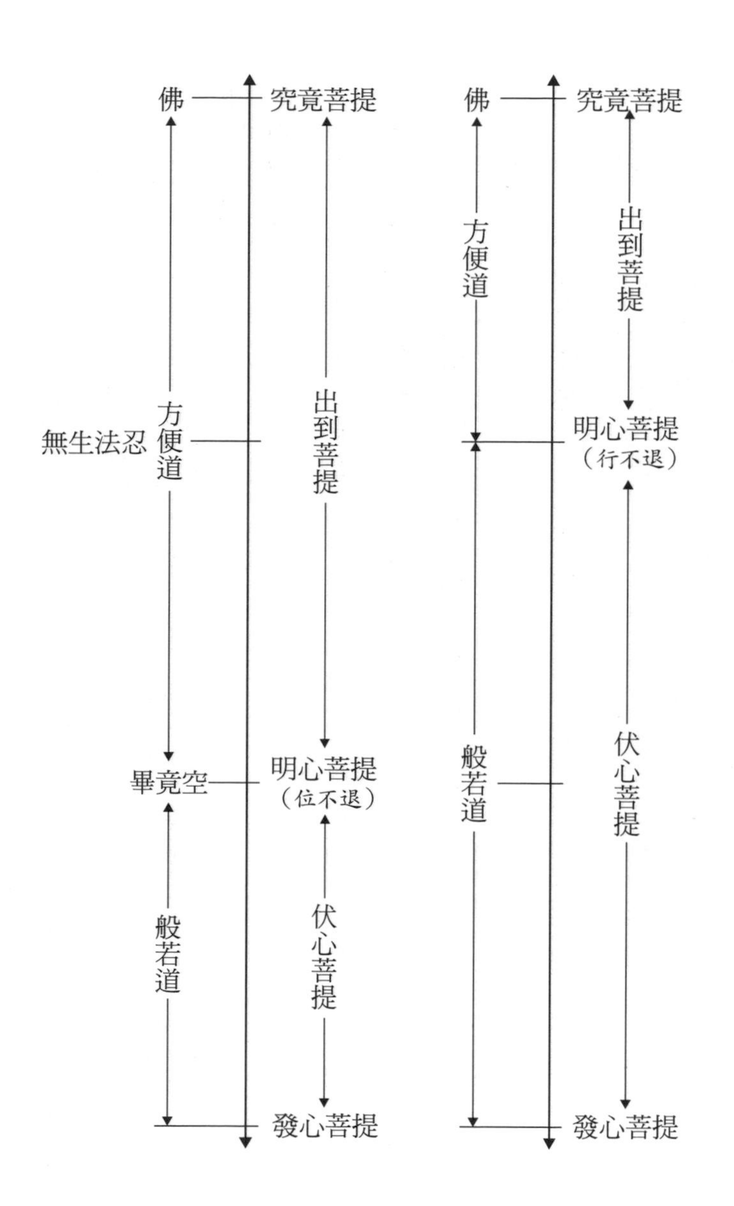

的現前，這是「位不退」的聖者，不再退回凡夫。若以般若系來說，則是達於「無生法忍」，八地菩薩摩訶薩已經脫離了父母生身，可以隨處祈求隨處現，分身無數億，所以是「行不退」的菩薩。聖位以上的菩薩，驗證到了諸法實相，所以能明心而自在無礙。

(4) 出到菩提

「出」是指出離、解脫生死，「到」是指到達成佛的彼岸。能從生死此岸的初果，出離到涅槃的彼岸，以聲聞乘來說，是四果阿羅漢證得無生；以大乘佛教來說，則是初地菩薩或出離三界的八地菩薩，直到成佛的彼岸。

(5) 究竟菩提

「究竟」是指圓滿成佛。佛的菩提心，稱為究竟菩提心。

第一大阿僧祇劫，是在超凡入聖之前，雖然知道真理法則，但是尚未證得真理現象，如同在密布的烏雲底下，積年累月甚至終其一生，乃至生生世世，都未曾見到陽光。超凡入聖的當下，如同撥雲見日，露出一道曙光，灑射下來，終於確信雲上真有陽光，從此不再懷疑陽光的存在。一如聖者驗證到真理，從此「位不退」，不再退回凡夫地。

第二大阿僧祇劫，烏雲慢慢由黑轉白，雲層逐漸變薄成白雲。烏雲其實就是第七識的雜染，而當白雲遮不住陽光時，不用費力撥雲，陽光就能自然灑下，即是達於無生法忍的八地菩薩果位，從此「行不退」，不再退回小乘聲聞法。

第三大阿僧祇劫，從八地以上無功用地，直到成佛，成為分身無數億的菩薩摩訶薩。所有的白雲慢慢地全部消散，直至萬里無雲，陽光遍照大地，成就佛果。

透過唯識的學習，可以知道自己被「第七識俱生我執」與「第八識俱生法執」的雜染所遮覆；般若幫助我們具備撥雲見日的能力，透過文字般若、觀照般若，到達實相般若的現前。

《心經》雖然很短，蘊涵的般若法門卻貫穿了三大阿僧祇劫。依著般若法門的指導，由修「融相即性觀」到「泯相證性觀」，過程觀蘊、處、界等空而無所得，依般若法性空慧體驗性空真理，破除自性妄執，而得解脫自在。具足菩薩不忍眾生苦，不忍聖教衰的大悲心，悲智雙運直到成佛。

般若專門破除障礙，透過般若性空與真理相契合，即能減少我們的煩惱，人生愈活愈豁達自在。從發心到成佛的過程，要透過文字般若與觀照般若來調伏我們的心。如何降伏我們的心呢？即是《金剛經》所說的「應無所住而生其心」。為什麼無所住呢？因為一切性空。透過性空，我們才有機會無所住，不會一直在表相上追求，如果修行始終停留在表相上，如同只用肉眼看待世間的所有一切現象，不懂因緣法，只是追求果報表相，是無法明白生命之流轉，只看得到今世，不知道過去與未來世的來龍去脈，遇到挫折可能心生退轉，而無法繼續成佛之道。

就般若道和方便道來說，二道各有三階，發心菩提、伏心菩提、明心菩提屬於般若道世俗諦的發心、修行到證果；明心菩提、出到菩提、究竟菩提屬於方便道勝義諦的發心、修行到證果。明心菩提於般若道而言，是世俗諦的證果；於方便道而言，則是勝義諦的發心。

發心菩提、伏心菩提、明心菩提、出到菩提、究竟菩提，這五菩提能令修行者踏上成佛之道，而般若是修行者放下自性妄執，逐漸向上提昇的關鍵，由凡夫超凡入聖，登初地菩薩逐漸向上提昇，直到十地菩薩摩訶薩的圓滿成佛，故說：「三世諸佛，依般若波羅蜜多故，得阿耨多羅三藐三菩提。」

二、聞思修入般若道

學習般若是我們學佛生涯的重要指南，如何下手應該是我們相當關切的事。首先認識三種般若，再配合聞慧、思慧與修慧的次第，逐漸納入生活的思考習慣，自然會逐漸脫落自性妄執的包袱，而感到輕鬆自在。

（一）三種般若

初學般若，首先要多親近善士，多聞熏習，逐漸熟悉般若的思考方式，依據文字般若，能精準地明白佛陀的言教意涵，反覆思惟，納入生活的現象中，依文字般若起觀照，逐漸破除與生俱來的自性妄執，稱為觀照般若。如同透過般若眼鏡重新看待人生，化解無明煩惱，放下感性直覺，透過理性思惟，找到智慧的光明，也逐漸脫離對文字語言的依賴。比方「諸行無常」是語言文字，是思想、概念，但是我們可以從生活中得到驗證，看到春去秋來的四季變化，至親好友的生老病死，疫情對於全球生活方式的改變……，觀照這樣的變化，體會到「諸行無常」不單純是文字意象，而是觸及到無常之苦。

透過觀照般若，如以文字與觀照般若相互增上，轉化為人生觀，調整價值觀，身體力行，經過累劫宿世的修行，當實相般若現前時，就是聖者的境界，絕諸戲論，言語道斷，因為真理現象本身是無法用言語來表達。由於眾生迷失在「著相」的生活裡，所以佛陀透過語言文字來教化眾生。眾生從語言文字來理解法性空慧，透過觀照般若的實踐，方得以有機會向上提昇，證得實相般若，再不斷擴大，直到成佛。

般若可分為三種：文字般若、觀照般若、實相般若。

1. 文字般若

佛教經論是文字般若，告訴我們苦、空、無常、無我等佛法教理，讓我們能斷煩惱，得智慧。慧學的聞所成慧，即是先透過文字般若來認識佛理。剛開始修行，一定要有文字語言引導的基礎，依照佛陀與經典及僧伽所說去做，才不會誤入歧途。

2. 觀照般若

學習般若的方法

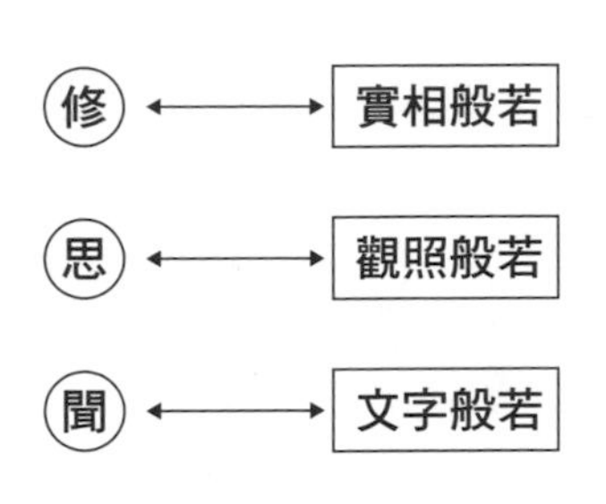

將文字般若的聞所成慧，透過緣起性空，運用在生活上，就稱為觀照般若。

觀照般若，來自思所成慧和修所成慧的成就。觀照般若就是逐漸地脫離種種相有的局限，比如文字的束縛、人我是非的摩擦爭執、事業起伏、色身變化等，將我們所理解的文字，轉換為實際現象來對應。

佛法的可貴在於並非只是口頭的談玄說妙，而是能付諸實踐後的深刻體驗，能透過實證而清楚明白真理法則。從世間人事的變化無常，乃至到大自然的春去秋來、花開花謝等生滅現象，都能從觀照般若驗證到真理法則，這就是思與修所成慧。

3. 實相般若

修行要到達聖位時，實相般若才會現前。所謂的實相，就是實際的真理現象清楚明白地現前。想要證得實相般若，佛法知見必須是正確的，透過實踐才有證得可能。

修行以聞、思慧奠定般若基礎，聽聞正法、正確思考，並納入生命層次，藉此起觀，攝心觀察緣起無自性；而思慧、修慧，即是觀照般若。修學般若，不離聞慧、思慧、修慧，當諸法實相現前時，也就是現證慧現前，是絕諸戲論、言語道斷。

（二）聞思修的智慧

學習佛法離不開聞、思、修，聞是聞所成慧，思是思所成慧，修是修所成慧，以此成就慧學。慧學是佛教不共外道的特色，如果不依般若成就慧學，所學即非佛道。佛陀教導我們「四預流支」，也就是四個預入聖者之流的修行，就是親近善士、聽聞正法、如理思惟、法隨法行，正好與三個慧學相符。

1. 聞所成慧

聞是聽聞與見聞的意思，也就是聽聞正法，多聞熏習。學佛要開啟智慧，首先要透過善士引導，聽聞佛陀的經教，聽聞日久，理解至深，便是聞所成慧。

2. 思所成慧

思是思惟、審諦的意思，也就是如理思惟。聽聞正法，日久自然解法至深。聞解佛法以後，要在自己心中詳審觀察佛理，對於所聽聞的教法，能夠有系統、有條理地認識佛教，並內化這深一層的認識，不僅為己用，更能利益眾生，應用法義於日常行為，便是思所成慧。

3. 修所成慧

修是實踐的意思，也就是法隨法行。學習佛法，只有審思是不夠的，還需要修定來輔助。緣起性空是般若所說的真理法則，我們需要透過修定來實證，並將般若智慧，化成我們的人生觀，隨時隨地審細觀察，實踐六度萬行於生命的流轉中。思惟、禪修與實踐結合在一起，便是修所成慧。

聞、思、修所成慧成就時，實相般若智慧自然能夠生起，並達於現證慧的完成，也就是能夠超凡入聖，達於聖者的境界。

也許有些人會納悶，為何看不到「實相般若」？因為「實相般若」非凡夫所能驗證。即使是證悟的聖者，也不會談論他的悟道境界，因為諸法實相是無法言說的，尚未驗證到實相般若者還是凡夫，處在菩薩道的第一個階段凡夫地。三大阿僧祇劫的漫長過程，單單只是第一大阿僧祇劫的修行階段：十信、十住、十行、十迴向，煖、頂、忍、世第一，就要經歷無量無數累劫宿世的實踐與考驗。

俗話說：「吃快會弄破碗！」修行貪求速成是很危險的。因此，不要急著立刻開悟、立即成佛；活在當下，步步踏實最為可靠。佛陀在《金剛經》告訴我們發心學佛乃至成佛的大願心，是「應無所住而生其心」，不要問還有多久才能成佛，只要秉持「只問耕耘，不問收穫」不疲不厭，生生世世行菩薩道，終能成佛。

三、般若禪心觀自在

（一）運用般若過生活

般若幫助我們了解現實的世間，是「相有」的存在，相有是緣生緣滅的無常過程，執著於相有是無意義的。福報現前當珍惜，福報消失莫抱怨；業障現前，不要逃避。若是接受相有，業障現前時，便能轉化為逆增上緣；因此不管是好是壞，接受而改善是智慧，所以「順逆皆精進」，精進於止惡修善，縱然還未能解脫生死，起碼生活能獲得自在。

「性空」的否定式思考是為了遣除自性妄執，夙昔所慣用肯定式的思考，容易落入執著「相有」，而加重煩惱，讓人難以自在。佛法的智慧是透過因緣否定式的逆向思考而展現出來，這種思考的基礎就在於性空。從性空延展出了不、無、空、非的否定式符號，為了讓我們能離相、泯相、滅相，輕安自在，獲得覺悟。

我們各有不同的執著，各現各的顛倒相，所衍生出的是我相、人相、眾生相、壽者相的差別相煩惱，只有思惟真理法則才能轉為正能量，延續法身慧命。想要改變外在的顛倒相，首先要改變顛倒心，不再處處和人錙銖計較，收攝內心，善用觀照般若。從粗糙的法相分別，觀照到細微的法性因緣，直到聖位根本無分別智的現前，諸法實相是如實地、平等地現在面前，清清楚楚、明明白白，無需言說。

以學佛者來說，年老並非壞事，因為年長有較多的生活體驗，有較成熟的智慧。年輕所追求的，多半偏重在生活的所需，年紀漸長所追求的，多半是生命的內涵。每個人都要面對生死問題，想要提昇生命的層次，文字是非常重要的工具，能讓我們從凡夫此岸到聖者彼岸，而在這過程中，還是要放下文字般若與觀照般若，才能達於對岸的「實相般若」。

透過性空能逐漸體驗「諸法無我」，讓我們明白自性妄執緣生出「諸行無常」的種種現象，終而徹底放下自性妄執，當達於「涅槃寂靜」的真理現象現前時，就能正確地體證。三法印和性空相應相契，我們直接以「一實相印」概括三者，即是「性空」的法印。

清楚了生命的真理法則，明白了發菩提心提昇生命的歷程，我們的人生就不會迷路，將知道自己該朝哪個方向前進。依循著真理法則的一實相印，今生如是學，必然是過去世流轉過來的因緣，依然能從今生流轉到來世，找到生命流轉的主軸，累積我們的善根福德因緣與智慧資糧，直至成佛。

（二）業障是考驗，般若是轉化

學佛的過程，會有這樣的疑問：「我如此用功努力，為何還有很多的逆境和業障現前呢？」自認為如此用功，理所當然得到美好的結果，不應該遭遇逆境，這是常見的問題。在意逆境是執相，在意自己的用功也是執相，如果對此沒有覺察，就會抱怨連連，此時要用般若來轉化陷入逆境的煩惱心，通過業障的考驗。

1. 接受業障現前

學佛後，仍然會遇到困境，不保證修行後，就此一帆風順，沒有困境。視業障為考驗，用般若來轉化，就不怕出現困境。業障現前，意味心識含藏的惡種子，已經成熟變現出去，減少心識的惡種子是一件好事。反之，業障沒有現前，不見得一定是好事，因為惡種子需要讓它有機會出去，而業障就是變現出去的方式，所以我們反而要高興惡種子減少了。換句話說，福報現前，不一定就是好事，因為善種子變少了，所以最好的作法是趕快在心識再多培植善種子。

業障之所以現前，與此生及宿世所做有關，不能誤認現在所為的一切，就能改變過去，而應抱持的態度是一旦果報成熟，自己就要接受果報。果報尚未成熟時，我們可以透過努力來改變結果。

面對逆境，若不懂因緣法，就無法接受現實的現象，於是我們往往會採取逃避或者反擊的方式。其實我們是逃避不了的，業力因緣如影隨形，為了保護自己，而反擊對方，只會讓業障惡性循環，如同滾雪球愈滾愈大，不僅難以化解，反而更加強業障的堅固性，難以消散。以相有對應相有，處理現前的業障，就如同壓了葫蘆起了瓢，也像蹺蹺板一樣，壓了一邊，另一邊則升起來了，無法徹底解決業障。

如何消除業障？首先深觀因緣法，確信因緣果報的真理法則，相信必定是過去世種下惡因惡緣，才會獲得今生的果報。如此歸源於自己，才不會把箭頭朝向對方、抱怨對方、敵視對方、毀謗對方……，如此惡性循環可解，不再造新殃。

2. 改善內心世界

我們面對逆境，要改善的不是外在環境，而是內心世界。我們若有般若智慧，便能讓自己可以善於觀察、接受因緣的變化而自在無礙。我們因為不懂般若智慧，所以非常執著外相，而有很多的罣礙，因此產生很多的恐怖。例如新冠肺炎疫情是全球的共業，所有人都無法豁免，但是共業中還是有別業，因此各國疫情的嚴重性各有不同，也因為「性空」，隨時隨地都在變化。我們置身其中，希望「防疫不放逸」，每個人努力於耕耘善因緣的別業，這才是重要的。讓誦經、禮佛、拜懺成為日常定課，時時相應於佛法的智慧與慈悲，更是防疫的良藥。

我們愈與真理相應，煩惱就愈少，因為煩惱來於自性妄執，般若專門處理此部分問題，性空可破解因自性妄執而生的煩惱。人們容易著相，例如大家都喜歡悅耳的讚美，為此沾沾自喜，這是著聲相；討厭刺耳的責罵，為此暴跳如雷，也是著聲相。喜歡美食，著了舌相、味相；喜歡香氣和按摩的舒服觸覺，也一樣是著了香相與觸相。當我們一直活在著相境界裡，便不懂得要超凡入聖，也不會思索「無常迅速，生死事大」等生命課題。唯有理解了性空，懂得轉化，才可能得到改善。

我們為什麼是凡夫眾生？因為不理解性空，著相就會有我相、有人相、有眾生相、有壽者相。我以前剛開始讀《金剛經》，也是讀不懂，直到用否定式符號的逆向思考，把經文意思反過來讀，才終於明白著相和離相的不同，才知道原來凡夫與聖者差距是如此之大。

3.深入法性，離相自在

般若智慧建立在性空的基礎上，是透過否定式的逆向思考來破解種種執著。「不、無、空、非」，否定式的逆向思考過程，就是為了讓我們能離相、泯相、滅相，愈是凡夫愈是著相就愈不自在，愈執著就愈痛苦煩惱，生生世世就糊里糊塗地輪迴生死。

如果我們能運用般若離相，透過因緣法的觀照，就愈能清醒覺悟，愈靠近聖位，不再忙於生活的淺層現象，而能夠進入到深沉的生命層次，讓我們可以樣樣都看得深入。自現象潛入真理中，如同潛到海底深處，發現海底是平等而寂靜的。能否抵達真理之處，就看我們有沒有離相的能力，愈能放下愈是身輕如燕，爬得愈高看得愈遠，如此所見現象愈平等，愈能夠深入法性。

四、走入人間的菩薩

（一）煩惱即菩提，生死即涅槃

菩薩為什麼能夠修行圓滿成佛？菩薩所憑的就是性空，而能視生死即涅槃。菩薩因為不捨眾生苦，所以「留惑潤生」以感召生死，不斷地在生死流中與眾生同在，才有機會度化眾生。菩薩如果斷惑，就等於是離開了眾生，一旦離開眾生，就不能稱為菩薩。我第一次看到「留惑潤生」四個字時，感動了好幾個月，這是唯有菩薩才能夠做到的事。聲聞、緣覺的修行者，視「生死未了，如喪考妣」，急於「厭離生死，欣入涅槃」是不同於菩薩的所作所為。

菩薩觀照生死是性空，涅槃也是性空，因此菩薩在生死流中，一樣能感受到涅槃的寂靜，所以菩薩願意為解救眾生，在生死流中不斷流轉。所謂不二，生死與涅槃的因緣是平等性的，菩薩在煩惱的當下，也可以策發菩提心，所以說生死即涅槃；煩惱即菩提。這平等性的關鍵在哪裡呢？就在於兩者皆性空。

（二）信願、慈悲、智慧

印順導師的著作《學佛三要》，告訴我們學佛有三大心要：信願、慈悲、智慧，根據《大般若經》，要依止三心而行六度萬行，三心是指「一切智智相應作意，大悲為上首，無所得為方便」，這三者和學佛三要相契合。

1.信願是一切智智相應作意

我們學習佛陀的一切智智，生生世世與之相應作意，就是我們的信願心，這是一股非常強大的力量。儲藏於第七、八兩識的諸多因緣，透過因緣相續流轉，於生生不已的生命之流中，突破隔陰之迷，讓宿世的因緣習性，得以成熟為果報，繼續過去世未了的願力，等於解開生死的束縛，延續了法身慧命的因緣流轉。

佛弟子們見面會相互問訊：「阿彌陀佛！」阿彌陀佛即是「無量壽、無量光」。我們的色身壽命是有量壽、有量光，我們的父母生身限於相有，離不了生、老、病、死的變化，但是含藏在第七、八兩識的因緣，無形無相，無始無終，可以無量壽，也可以保有世世學佛的善根因緣和智慧資糧，學習佛陀的智慧而無量光。

證得法身就是聖者證得的諸法實相，也是分證佛陀法身的菩薩。佛陀盡虛空界的清淨法身，如同萬里無雲的太陽光，聖賢菩薩則如同穿透雲層的一道曙光，等同佛陀的質是一樣的，但在量上是不同的。

2.慈悲是大悲為上首

慈悲是大乘佛教的心髓，表達佛教的真實內容，合乎菩薩道的修行。如《大智度論》卷二十所說：「大悲是一切諸佛、菩薩功德之根本，是般若波羅蜜之母，諸佛之祖母。菩薩以大悲心故，得般若波羅蜜，得般若波羅蜜故得作佛。」

聲聞、緣覺、菩薩三乘聖者解脫的關鍵是智慧，但菩薩不僅有般若智慧，更重要的是具有大悲心，所以能般若波羅蜜多，生生世世悲智雙運而成佛，都是以大悲為上首。菩薩發大悲心救度眾生，以一切智智為信願，無所得為方便，從自利利他中完成佛道。如果沒有大悲心，就沒有菩薩；沒有菩薩，就沒有佛陀；沒有佛陀，就沒有佛法，大乘佛法是從大悲而發揮出來的。

3.智慧是無所得為方便

佛教是理智的宗教，不共於其他宗教的最大特質，就是智慧。修學佛法，雖有種種方便法門，而能否超凡入聖，最大的關鍵即是有無真實智慧，智慧可以說是聖者的特別德行。如聲聞法欲了生死、斷煩惱、證真理，必須依藉智慧力完成，慧學是不可或缺的重要行門。菩薩道上六度萬行，依布施、持戒、忍辱、精進、禪定，廣集一切福德資糧，而修得般若波羅蜜多，斷盡所有生死煩惱，終而成就大乘佛果。

菩薩的道業是歷經三大阿僧祇劫的修行，如果不是菩薩無所得的心，是無法長久持續的。菩薩依「性空」實踐的是如法的道業，如法即合乎因緣法，必然是柔軟的心，不管世間如何批評，對菩薩來說都不重要，菩薩的修行態度是堅持而溫柔的，只要能如法利益眾生，就勇往直前。為什麼能夠如此堅持？因為因緣的深層確認，對法不再有疑惑，對於現象的變化，已無得失心。

（三）人間菩薩大願行

佛法的中道實證，可說是內在的超越，也就是融相即性觀，從果報的相有達於因緣的性空，再泯相證性觀，這是證真，驗證因緣的確是平等性。再從平等性的因緣中，重新接受世俗的相有——達俗，是超越的內在。反覆來回於證真及達俗間，出入無礙，即是世出世入而無礙的中道不二。

證真是內在的超越，透過深沉體認，驗證了因緣的平等性，呈現出平等相的寂靜涅槃。如同從波濤洶湧的海面深入海底，體證海底的平靜。證真是徹見真理現象的現前，證真的當下，必然能夠達俗。

達俗是通達世俗、接受世俗，在證真的當下，也不離世俗的相有之諸行無常。如同從海底返回，接受海面的波濤洶湧，躁動不安，無法切割，是融然一體的。以生死與涅槃為例，達於「涅槃」等同「證真」，「生死」等同「達俗」，所以「生死即涅槃」。

菩薩的心胸度量非常寬大，接受世俗一切，所以能接受各種環境。菩薩願意融入世間的種種喧嘩，甚至在菩薩的心裡，可能寂靜成分更多一些。我們習慣將喧嘩和安靜分成兩種現象，是因為在意外相，執著外相才會覺得是兩種不能相容的情況，以菩薩來看，因緣平等平等，喧嘩即安靜，心裡不起煩惱之波瀾。

以了脫生死為主的聲聞乘，禪修安般念，講求安靜，容不得絲毫的吵鬧，只要有一點聲響，就會覺得坐不下去，甚至會起瞋恨厭煩；菩薩乘以因緣法為主，禪修慈悲喜捨四無量心，能夠包容吵鬧，一如在生死流轉的動盪中，仍然能感到涅槃寂靜。因為菩薩透過性空，打破局限，心量就愈來愈大，就不會覺得雜亂不安，而願意走入人群，這也就是證真之後，又能達俗。從相有結合性空，又透過性空接受一切相有，因此「世出世入」而無礙，這樣的般若體驗，語言文字很難表達無遺。

想要世出世入而無礙，就必須證真達俗。我們平常是世出世入而有礙，習性上喜歡世出，不喜歡世入，執著相有而生愛惡。在世間修行，感受生死無常之苦，一心一意想要世出，而不想世入；但菩薩能夠自在地世出世入，基礎建立在證真而達俗，真俗因緣平等才能出入無礙。「菩薩道要很溫柔，但必須很堅持」，為了證真必須是堅持的，縱然穿透生生世世間的隔陰之謎，都要堅持著依法而修行，這是法身慧命的延續，也因為證真而更能達俗，所以很溫柔地對待世間的人情事故，慈悲與智慧應該是我們凡夫菩薩的風範。

《心經》最後的「般若波羅蜜多心咒」說：「揭諦揭諦，波羅揭諦，波羅僧揭諦，菩提薩婆訶。」無論我們現在是否能懂得《心經》的般若心法，能否運用空觀轉煩惱為智慧，心中都要常起大願心：「去吧！去吧！到彼岸去吧！大家都到彼岸去吧！大家趕快正覺圓滿成就吧！」我們都活在人生苦海裡，面對無常世間的千變萬化，總是惶惶不安。期望每個人都能以般若智慧安頓自己身心，以慈悲心同理與關懷大眾的大願心，如觀自在菩薩以大智慧，成就自己也成就眾生，同登安心自在的彼岸！

〔附錄〕《般若波羅蜜多心經》

唐三藏法師玄奘譯

觀自在菩薩，行深般若波羅蜜多時，照見五蘊皆空，度一切苦厄。舍利子！色不異空，空不異色；色即是空，空即是色。受、想、行、識，亦復如是。舍利子！是諸法空相：不生不滅，不垢不淨，不增不減。是故空中無色，無受想行識。無眼耳鼻舌身意，無色聲香味觸法。無眼界乃至無意識界。無無明，亦無無明盡；乃至無老死，亦無老死盡。無苦集滅道。無智亦無得。以無所得故。菩提薩埵，依般若波羅蜜多故，心無罣礙。無罣礙故，無有恐怖，遠離顛倒夢想，究竟涅槃。三世諸佛，依般若波羅蜜多故，得阿耨多羅三藐三菩提。故知般若波羅蜜多，是大神咒，是大明咒，是無上咒，是無等等咒，能除一切苦，真實不虛。故說般若波羅蜜多咒，即說咒曰：揭諦揭諦，波羅揭諦，波羅僧揭諦，菩提薩婆訶。

智慧人 41

大智慧到彼岸——心經講記

Reaching the Other Shore with Great Wisdom:
A Commentary on the Heart Sutra

著者	釋寬謙
出版	法鼓文化
總監	釋果賢
總編輯	陳重光
編輯	張晴
封面設計	化外設計
內頁美編	小工
地址	臺北市北投區公館路186號5樓
電話	(02)2893-4646
傳真	(02)2896-0731
網址	http://www.ddc.com.tw
E-mail	market@ddc.com.tw
讀者服務專線	(02)2896-1600
初版一刷	2021年8月
初版四刷	2023年12月
建議售價	新臺幣200元
郵撥帳號	50013371
戶名	財團法人法鼓山文教基金會－法鼓文化
北美經銷處	紐約東初禪寺 Chan Meditation Center (New York, USA) Tel: (718)592-6593 E-mail: chancenter@gmail.com

法鼓文化

國家圖書館出版品預行編目資料

大智慧到彼岸：心經講記 / 釋寬謙著. -- 初版. --
臺北市：法鼓文化, 2021.08
面； 公分
ISBN 978-957-598-923-1 (平裝)
1.般若部

221.45 110010093